三余

冬者岁之余
夜者日之余
阴雨者时之余

ALAIN

论幸福

[法]阿兰 著
潘怡帆 译
杨凯麟 审订

中国法制出版社
CHINA LEGAL PUBLISHING HOUSE

图书在版编目（CIP）数据

论幸福 /（法）阿兰著；潘怡帆译．—北京：中国法制出版社，2020.11

ISBN 978-7-5216-1308-7

Ⅰ．①论…　Ⅱ．①阿…　②潘…　Ⅲ．①幸福—研究　Ⅳ．①B82

中国版本图书馆 CIP 数据核字（2020）第 191159 号

策划编辑：李佳（amberlee2014@126.com）
责任编辑：王悦　刘阳　　封面设计：高瓦

论幸福
LUN XINGFU
著者 /［法］阿兰
译者 / 潘怡帆
审订 / 杨凯麟
经销 / 新华书店
印刷 / 北京华联印刷有限公司
开本 / 880 毫米 ×1230 毫米　32 开　　印张 / 8.75　字数 / 163 千
版次 / 2020 年 11 月第 1 版　　2020 年 11 月第 1 次印刷

中国法制出版社出版
书号 ISBN 978-7-5216-1308-7　　定价：42.00 元

北京西单横二条 2 号　邮政编码 100031　　传真：010-66031119
网址：http://www.zgfzs.com　　编辑部电话：010-66054911
市场营销部电话：010-66033393　　邮购部电话：010-66033288
（如有印装质量问题，请与本社印务部联系调换。电话：010-66032926）

致莫尔－郎百兰夫人

Dédicace
à Mme Morre-Lambelin

■ 玛丽－莫妮可·莫尔－郎百兰（Marie-Monique Morre-Lambelin, 1871—1941），作者阿兰的挚友，也是他许多著作的合撰者。

我很喜欢这本文集。[1]立论似乎无可指摘，虽然问题被细分成无数个小部分，而事实上，幸福正是由许多小部分组成的。脾气的每个变化都来自短暂的心理事件，我们却扩大它，并赋予它神谕的意义。由此而生的各种脾气就开始制造不幸，我所指的是那些没有什么重大的理由可以导致自己深陷于不幸当中的人，因为这种人的不幸完全是自找的。对于真正的不幸，我不予置评，不过，我仍旧认为脾气会加重不幸的处境。您还记得贾斯顿·马莱伯（Gaston Malherbe）在他任职莫尔莱区（Morlaix）区长期间，曾对我说过的那句话："疯子都是恶意的。"我几次反复思忖这句话。我认为所有的疯狂始于对所有事，甚至是不相干的事都看不顺眼的态度。这是一种戏剧化的脾气，精心安排、十分入戏，却往往因为表演过了头，而遗忘初衷。想要把不幸传播给别人，这就是恶意的。而之所以会被别人的幸福给激怒，那是因为他们认为别人愚蠢且盲目。疯子身上有种劝人信教的热忱，他们首先不愿被

1 魔羯座丛刊的初版本，收录六十篇观点论述。（原文注）

治愈。而鸿运当头也治不好疯子，这个想法使人明白个中道理，疯子就像我们每个人处境的放大版。怒火是可怕的，倘若人们还朝着火吹气；怒火也是可笑的，倘若人们任由它熄灭。这也是幸福的道理，它取决于零碎琐事，即便它也与大事相关。如果我写的是一本《幸福论》（*Traité du bonheur*）的书，我会谈论并解释这番道理。不过从某些角度来，看相去甚远地，我们（主要是您）选择写作幸福的零碎看法（Propos）。我以为这种做法不无风险，因为读者无从顾及作者的初衷。无论序言提到什么，读者总是在期待着一部专论。也许我注定要写几部如《美术体系》（*Système des Beaux-Arts*）这样的专论。这番絮语无非就是为了把这本美丽的文集献给您。因为它主要是您自由选择的呈现。

阿　兰

一九二五年五月一日

目录

1 布赛法勒 002
Bucéphale

2 恼火 005
Irritation

3 忧伤的玛丽 008
Marie triste

4 精神衰弱 011
Neurasthénie

5 忧郁 014
Mélancolie

6 激情 016
Des passions

7 恐惧即病 019
Crainte est maladie

8 关于想象 022
De l'imagination

9 思想的病 025
Maux d'esprit

10 阿尔冈 028
Argan

11 医学 031
Médecine

12 微笑 033
Le sourire

13 意外 036
Accident

14 惨剧 040
Drame

15 论死亡 043
Sur la mort

16 姿态 046
Attitudes

17 体操 049
Gymnastique

18 祈祷 052
Prières

19 打呵欠的艺术 056
L'art de bailler

20 脾气 059
Humeur

21 个性 062
Des caractères

22 命中注定 065
La fatalité

23 预知的灵魂 068
L'ame prophétique

24 我们的未来 072
Notre avenir

25 预告 075
Prédictions

26 赫拉克勒斯 078
Hercule

27 意愿 081
Vouloir

28 人各有志 084
Chacun a cequ'ilveut

29 关于宿命 088
De la destinée

30 别绝望 092
Ne pas désespérer

31 在大草地上 095
Dans la grandepraire

32 邻近所致的激情 098
Passions de voisinage

33 家庭里 101
En famille

34 关心 103
Sollicitude

35 家的和睦 105
La paix du ménage

36 关于私生活 108
De la vie privée

37 伴侣 111
Le couple

38 烦闷 114
L’ennui

39 速度 117
Vitesse

40 赌博 120
Le jeu

41 希望 123
Espérance

42 采取行动 126
Agir

43 行动者 129
Hommesd’action

44 第欧根尼 132
Diogène

45 利己主义者 135
L'égoïste

46 无聊至极的国王 138
Le rois'ennuie

47 亚里士多德 141
Aristote

48 农人的快乐 144
Heureuxd'agriculteur

49 劳动 147
Travaux

50 作品 149
Œuvre

51 眺望远方 152
Regarde au loin

52 旅行 155
Voyage

53 尖刀舞 157
La danse des poignards

54 大放厥词 160
Déclamation

55 抱怨 163
Jérémiades

56 激情的雄辩 166
L'éloquence des passions

57 关于绝望 169
Du désespoir

58 关于怜悯 172
De la pitié

59 他人的痛苦 174
Les maux d'autrui

60 安慰 177
Consolation

61 纪念死者 179
Le culte des morts

62 瞎搅和 182
Gribouille

63 在雨中 184
Sous la pluie

64 躁动 187
Effervescence

65 爱比克泰德 190
Epictète

66 斯多葛主义 193
Stoïcisme

67 认识你自己 196
Connais-toi

68 乐观主义 199
Optimisme

69 松绑 202
Dénouer

70 耐心 205
Patience

71 善意 207
Bienveillance

72 辱骂 210
Injures

73 好脾气 213
Bonne humeur

74 一种治疗 215
Une cure

75 精神保健 217
Hygiène de l'esprit

76 母乳的礼赞 220
L'hymne au lait

77 友谊 223
Amitié

78 关于优柔寡断 225
De l'irrésolution

79 典礼 228
Cérémonies

80 新年快乐 231
Bonne année

81 祈愿 234
Vœux

82 礼貌 237
La politesse

83 处世之道 240
Savoir-vivre

84 让人开心 242
Faire plaisir

85 柏拉图医生 245
Platon médecin

86 健康的艺术 247
L'art de se bien porter

87 胜利 250
Victoires

88 诗人 253
Poète

89 幸福是美德 256
Bonheur est vertu

90 幸福是如此慷慨 259
Que le bonheur est généreux

91 保持快乐的艺术 262
L'art d'être heureux

92 关于保持快乐的义务 265
Du devoir d'être heureux

93 应当起誓 268
Il faut jurer

人们常说自己总是错过幸福。对于免费的幸福而言，此话不假，因为免费的幸福根本不存在。而人们自己创造的幸福，从不会让人失望。

1 布赛法勒 Bucéphale

1922.12.8

只要我们不知道激情的原因，我们便无法管理激情。请去找出让孩子不舒服，哭闹不休的那根别针。

当一个孩子哭闹不休时，保姆往往会对他的性格与好恶有诸多揣测；她甚至会溯及基因，从孩子身上认出父亲的影子。而这些精神性的分析通常会持续到保姆发现，导致这一切吵闹的真正元凶不过是根别针，事情才会告一段落。

当名马布赛法勒被带到年轻的亚历山大（Alexandre）[1]面前时，还没有任何一名马术师能不从这匹暴烈的动物背上跌下来。一般人可能会因此认定“这就是匹劣马”，亚历山大却是去找寻“别针”。而且，他很快就发现了个中原因，他注意到布赛法勒非常惧怕它自己的影子。它愈是害怕地惊跳，它的影子就会跟着颠荡得愈厉害，这样便导致没完没了的恐惧。亚历山大于是让布赛法勒面向太阳，让它维持在这个方位以逐步感觉冷静与疲惫。由此可见，这位亚里士多德（Aristote）的学生[2]已然明白，只要我们不知道激情的原

1　亚历山大大帝（Alexandre le Grand），马其顿国王。

2　指亚历山大。他曾是希腊哲学家亚里士多德（Aristote）的学生。

因，我们便无法管理激情。

不少人曾以强而有力的论述驳斥过恐惧。然而，心怀恐惧的人听不进道理，他只听得见自己奔腾的心跳和汹涌的血潮。专家学者以恐惧论断危险，情绪化的人以危险论断恐惧。这两方都在尝试合理化，却都搞错了。只是学者错得更多，他既无视真正的原因，又对别人的错误毫无所察。人只要一害怕，就会编造某种险境，以求能够解释这个显而易见又真实的恐惧。然而，就算是个毫无危险的、极微小的惊吓也能造成恐惧，像是无预警的近处枪响，或只是个没先招呼的现身。马塞纳（Masséna）[1]也曾在照明不良的楼梯间，被某个雕像吓得拔腿就跑。

人的急躁与脾气有时候只是因为站得太久了，你无须跟他的脾气讲道理，只需要请他坐下来。塔列兰（Talleyrand）[2]说过礼貌

1 安德烈·马塞纳（André Masséna，1758—1817），法国元帅。

2 查理·莫里斯·德·塔列兰–佩里戈尔（Charles Maurice de Talleyrand-Périgord，1754—1838），法国外交家。

第一，而这句话的意涵远超过他所指涉的意思。出于避免使人感到不适的考虑，他总在找“别针”，也总会找到。现今外交官们的衬衣里总有根放错位置的别针，这导致欧洲局势的混乱。因为大家都知道只要一个孩子开始啼哭，其他孩子也会跟着一起哭闹，更糟的是，只可能愈加不可收拾。保姆知道要让孩子俯卧，这样一个出于专业的举动，便足以引发其他效应而使情势改观，这便是一个不唱高调的劝服艺术。据我看来，一四年的灾难[1]肇因于大人物们各怀恐惧地被吓跑了。人只要一害怕，火气就跟着来了；一旦恼火，离激动也就不远了。把一个人从他的休假或休闲中突然召回，就别指望他会有好心情；他往往会阴晴不定，而且是过了头的阴晴不定。如同一个突然被惊醒的人，总是清醒过头。但千万别说他们不好，也千万别说他们生性如此。请去找出“别针”。

1 指第一次世界大战。

2 恼火
Irritation

1912.12.5

别让盛怒的举动阻碍了天生的本能，而无论在哪种情况下，恐惧都是百害无益的。

人一旦呛到，体内就跟着骚动，像大难临头似的；肌肉兀自纠结，心头一派紊乱，如同痉挛发作。怎么办？我们能避免承受这些反应吗？哲学家会说，这是因为人缺乏经验的缘故。不过，体能教练或剑道教练肯定会嗤之以鼻，倘若学生反映道："我身不由己，我无法克制地全身僵硬、肌肉紧缩。"我认识一个严格的教练，在被授权的情况下，他会拿剑狠狠地鞭策你，以便让你学会用智性支配身体。下述是明显的事实：肌肉就像驯服的狗一般，会自然而然地顺从思想的指挥；我想伸长手臂，我便能把它伸长。方才提到的痉挛或身体作乱，都只是因着人的无所适从。而就呛到的例子来说，真正该做的就是放松身体。尤其，与其过度吸气而导致更多混乱，不如把那些许走岔了的液体呼出；换言之，无非是扫除恐惧。无论在哪种情况下，恐惧都是百害无益的。

对付感冒所引发的咳嗽，其实也可以如法炮制，只是很少有人会这么做。多数人咳嗽就像抓痒，过激的举止往往导致自作自受。这就是他们嗓子发炎与疲惫不堪的原因。医生施以药片治疗，对我来说，主要功能是为了让我们做吞咽的动作。吞咽是一种有效的反制，它比咳嗽更难控制，难度远胜过其他的行为。吞咽的肌肉收缩，使得咳嗽所造成的痉挛不再可能发生。这道理就像让婴儿翻身一样。不过我认为，假使人们在咳嗽的当下便阻止它发生，那么也就无须药片了。倘若人们一开始就收敛心神，保持身体灵活与沉着，初期的发炎也会很快地消退。

发炎（irritation）一词发人省思。由于语言的智能，这个词也可以指涉最暴烈的激情。而我看不出一个发怒的人与一个咳嗽不已的人之间会有多大区别。此外，恐惧是一种身体的焦虑，而人们却不见得总是懂得通过体能锻炼去消除它。在上述的两种情况中，任由激情控制思考，并带着狂乱的激动处于恐惧或愤怒的状态下都是错误的。总之，我们失控的激情会加重病情，这就是没学会真正的体能锻炼的下场。而所谓真正的体能锻炼，正如希腊人所认为的，是通过正确的智性来掌控身体运动。当然这并非对所有运动一概而论，而是特指不要让盛怒的举动阻碍了天生的本能。对我来说，永远在孩子们面前展现出人所应真正追求的、作为典范的卓越楷模，这便是该教给他们的事。

3 忧伤的玛丽
Marie triste

1913.8.18

人们为了快乐所付出的努力永远不会白费，而忧愁只是单纯累了或病了，把它赶回体内吧。

探讨双向情感障碍并非毫无益处，尤其是对一名在诊室里幸运寻获“忧伤玛丽和快乐玛丽”这个案例的心理学教授来说。这个不复记忆的故事很值得珍藏。这个女孩总是一周开心，一周忧伤，像座钟般规律。当她开心时，一切都美好；她热爱下雨如同晴日，些微的示好便足以让她欣喜若狂；每当她想起过往的一段爱情，她便赞叹：“我多么幸运啊！”她从不感到无聊，每个微小念头都带着令人欢畅的色彩，像是最美丽与健壮的花朵，无处不讨人欢喜。朋友们，愿你们有和她一样的好心情。古谚云，就像每个洒水壶都有两边把手一样，每件事都有两个面向，有令人沮丧的一面，以及让人振奋与宽慰的一面，全凭人心所愿；而人们为了快乐所付出的努力永远不会白费。

然而一周过后，世界完全变调。她陷入绝望的抑郁里，对什么都提不起兴趣，目光所及之处尽皆灰暗。她不再相信幸福，不再相信温情。她觉得自己没人爱，这是理所当然的事，因为她既蒙昧又无聊；她愈是钻牛角尖，情况就愈糟；而她心里也明白，她正用最可怕的方式逐步逼死自己。她说：“你想要我相信你关心我，只是我并非你闹剧里的傻子。”恭维被她视作取笑，善意则是对她的羞辱，秘密都是对她的算计。想象的病无药可医，就像再美好的事物也无法打动不幸的人。而幸福所需的意志，远超过人们所想。

不过，心理学教授得出一个更残酷的领悟，那对所有热血魂来说，都会是最可怕的试炼。通过对这些人性短周期的大量观察与测量，包括计算每立方厘米血液中的血细胞数量，凸显出一条守则：接近欢愉周期的末端，血细胞数逐步减少；接近忧伤期的尾端，血细胞数再度增加。血细胞量的多寡成为所有幻象之因。因此，对于玛丽的那些过度激烈的言辞，医生如是回应：“放心吧，你明天就会开心。”她却从来不信。

一个自认生性忧愁的朋友对我说：“还有什么能比这件事更明白的？我们拿激情无可奈何。我的反省无法增加我的血细胞数量，因此任何哲学都是白费功夫。这个伟大的世界依循其规律为我们带来欢喜和忧伤，如同它带来冬天和夏天一般，如同它带来雨天和晴空一般。我想要开心就像我想要散步一样毫无意义，如同我无法使雨落在山谷里，我也无法控制我的阴郁。我承受它，而且我很清楚我在承受它，这真值得安慰！”

事情没那么简单。确实，当人一再耽溺于那些严厉的批评、悲观与暗黑的回忆时，他表现出他个人的忧愁，也可以说，他在品尝着他的忧愁。然而，倘若我知道这一切不过是血细胞在作祟，我那诸多理由就变得可笑。我会把忧愁当作单纯累了或病了，把它赶回体内。比起背叛，胃痛容易承受得多。缺血难道不是比缺朋友更容易说出口？情绪化的人既拒绝理性也拒绝溴化物（bromure）[1]。而我提供的这个方法，岂不是快速有效地让两方皆大欢喜？

1　常见的神经镇静剂。

4 精神衰弱
Neurasthénie

1908.2.22

人无法不受激情干扰。然而，在智者的灵魂深处，令人快活的思虑绵延甚广，相形之下，他的激情也就微小得不值一哂。至少我们能以智者为榜样，制造大量的自愿幸福。

拜连日的雷阵雨所赐，男男女女的情绪皆如这天气，说变就变。昨日，一位理性十足的知识分子朋友这样对我说："我不满意我自己。只要无事可忙或不玩桥牌时，我便满脑子想着那成千上万件鸡毛蒜皮的小事，搞得自己忽而欢喜忽而忧伤，情绪起伏的速度快过鸽子胸前的毛色变化。这些小事诸如有信待写、没赶上轻轨，甚或一件过重的大衣都变得像是会招来不幸的不得了的大事。无论我怎么说服自己，证明那不过是无足轻重的小事，我的理由仿若那打不响的湿鼓，对我毫不起作用。总归一句，我感到自己有些精神衰弱。"

我对他说，别咬文嚼字了，去尝试理解这到底是怎么一回事吧。你的处境就跟所有人一样，只是你不幸生得聪明，又把自己分析得太过，还想搞清楚自己为何忽而欢喜忽而忧愁。而你还生自己的气，只因为你理解的理由不足以解释你的情绪。

事实上，人们用来解释快活或不幸的理由，根本无关紧要。一切都和我们的身体及其功能有关。而即便是身体再强健的人，每天也会因为吃饭、走路、注意力的耗费、读书和天气等各种层面的事，经受无数次的情绪起伏，从亢奋到消沉，再从消沉一路爬升回亢奋的种种过程。你的情绪就如同波涛上的小船会起伏不定，这些起落变化不总是那么明显，只是为了能维持正常的生活。当忙于工作时，便无暇理会；可是，一旦有时间去注意自己的情绪，费劲地去想它，就会想出无穷多个细枝末节的理由。你以为这些是症结，其实它们都是结果。如果一个聪明人是忧愁的，他总会找到足够的理由去忧愁；若他是开心的，他也会找到足够的理由去开心。同一种理由经常可以是双向的。染病的帕斯卡（Pascal）[1]对满天星斗怀有恐惧，他瞻望星空时所感受到的那神圣战栗，当然也可能是他靠在窗边、不知不觉中受寒的缘故。换作一名身强体壮的诗人，他对着星星就会像是对着情人般诉衷情。关于星空，

1 布莱兹·帕斯卡（Blaise Pascal，1623—1662），法国哲学家。

这两方都有很美的说辞，然美则美矣，却不着正题。

斯宾诺莎（Spinoza）[1]说，人无法不受激情干扰。然而，在智者的灵魂深处，令人快活的思虑绵延甚广，相形之下，他的激情也就微小得不值一哂。即便不跟随这样艰辛的思维，我们也能以智者为榜样，制造大量的自愿幸福。像是音乐、绘画、聊天，和这些相比，我们的郁悒便显得不足挂齿了。社交家为了他的那些小计较都会疏于照护自己的肝脏；而我们所做的事，远比那些社交活动来得正经、有用，而且我们还有书跟朋友。倘若这些都仍不若社交家的活动来得有效，我们还真该为此感到脸红。然而，不把专注于有用的事当作一种生活守则，或许会是一个导致严重后果，却经常被犯下的错误。有用的事对我们来说很重要。而想要坚持自己的欲望，有时候是门伟大的艺术。

1 巴鲁赫·德·斯宾诺莎（Baruch de Spinoza，1632—1677），荷兰哲学家。

5 忧郁
Mélancolie

1911.2.6

> 不幸的想法其实会吓坏我们，而不是让我们觉得痛苦，人们其实可以摆脱这种近乎发狂的胡闹，只消把忧愁当作疾病，并待之如同疾病即可。

前些日子，我碰见一个患有肾结石的朋友，他的心情相当低落。大家都知道这种病会让人感到忧愁；当我这么跟他说的时候，他也表示同意。我顺势下了个结论："正因为你知道这种病会使人忧愁，你才无须对你的忧愁感到意外，也不必因此坏了自己的情绪。"这番精彩的道理让他开怀大笑，功劳可不小。虽然这多少有点荒谬，但我确实点出了一个身处不幸中的人很少考虑的重点。

体弱多病往往会引发深沉的忧愁。此种尚未构成疾病本身的忧愁，还往往为我们留下比想象中还多的安宁时光。当疲劳或隐藏在某处的结石不至于让我们往坏处想时，不幸的想法其实会吓坏我们，而不是让我们觉得痛苦。绝大部分的人会否认这一点，并认为是不幸的想法使他们陷入不幸之中。而我得承认，处于不幸中的人很难不认为某些形象就像长了爪子与利刺般在折磨着自己。

不过，只要细想一下那些深受抑郁情绪困扰的人们，就会发现他们能从各种念头里找到忧愁的理由。任何话语都能伤害他们。

倘若予以关注，他们便觉得受到特殊对待，更不幸得无以复加；若是不予同情，他们便认定自己没朋友，孤身在世。而这些念头转来转去，就为了使注意力回到疾病带来的不愉快状态上。当他们给自己找碴，并被自以为忧愁的理由给压垮时，他们是以品味饕餮大餐的方式反刍悲伤。不过，抑郁的人士在我们面前展示了苦恼者的巨大形象，他们的抑郁成疾，同样可能发生在其他人身上。痛苦的加剧无疑肇因于我们试图为它找到道理，某种程度而言，我们的道理遂成了痛处。

人们可以摆脱这种近乎发狂的胡闹，只消把忧愁当作疾病，并待之如同疾病即可，别再寻求道理或讲理由。这么一来，便没了成篇的抱怨。人们拿忧愁当闹肚子，如同哑了的忧愁，一种无意识的麻木状。谁也不埋怨，只是承受着，只不过这休兵是为了有效地对抗忧愁。这与祷告的目的相同，并不难领略。面对万事万物，面对这个无所不知也无所不察的智慧、无可深究的威严、无可测度的正义，虔诚者弃绝形构思想。而如果我们够机灵，就会给自己服上这帖想象的鸦片，免得又回头去细数自己的诸多不幸。

6 激情
Des passions[1]

1911.5.9

虽然激情霸占着我们的思想，貌似无所不能，但它其实受制于我们身体的运动。倘若能明白这个道理，便无须理会那些可能是由梦境或激情所引发的想法。所谓激情，也不过是较有条理的梦境而已。

相较于激情，人们较擅于承受疾病。这无疑是我们以为激情全然取决于自己的个性和观念，但它同时又有一种无法掌控的必然的征兆。当身上有伤的时候，我可从表皮上所留下的伤痕，来认识受伤这件事；除了伤口疼痛之外，我什么事也没有。当某种物体通过形式、声音或气味让我感到恐惧或渴望时，我还可以借由指责与逃离来平复心情，然而面对激情，我无计可施。因为无论是喜欢或讨厌，我所针对的对象都不见得是明摆在眼前、可见的；我想象它，甚至改变它，通过一种像作诗般的内心活动。这些活动把我置于我的激情之中；我的一番道理全是诡辩，却深合我意；这些活动也经常能一棒敲醒我智性的清明。一时激动所招致的折磨或许都没它来得那么多；就像在巨大的惊吓中，你光顾着逃命而无暇兼顾激情。然而，倘若他人借机取笑你，这种因为胆怯而衍

1 “Passion”在此处指一种彰显于外在，较激动、强烈的情绪表达，因此权译为“激情”。

生的羞耻感将会转化为愤怒或强辩。尤其是夜阑人静的时刻，你必须独自一人面对那浮上眼帘的羞耻，这就叫人难以忍受。因为，不妨这么说，现在你得慢条斯理地细细“享用”这一切，谁也救不了你；由你射出的每一支讥讽的箭，都会刺回到你自己身上；你的敌人就是你自己。当一个情绪化的人确定自己健康得很，也没什么妨碍着他的大好生活时，他偏会这样想：“我的激情就是我自己，而且我拿它没办法。”

在激情里总不乏悔恨和焦虑，我认为这是出于理性的作用。因为人们心想：“我的自制力怎么这么差？我怎么老是纠结着同样的几件事？”遂衍生出一种屈辱感。焦虑也是如此。人们心想：“一定是我的思想被下了毒，我自己想出来的道理都在反对我，究竟是何种魔力在控制我的想法？”魔力一词用在这里，相当贴切。我认为是激情的威力和内在的奴性，将人导向神秘力量的思考，并且以为一个字或一个眼神便会招致厄运。情绪化的人不愿承认自己有病，而认为是遭到诅咒，并从这个念头里冒出无限多的想法来整治自己。谁会懂这种无形无影的活受罪？而眼看着痛苦不仅没完没了，甚至与日俱增，受苦者遂以死亡作为解脱。

不少人在这上头做文章，一如斯多葛学派[1]留下许多好道理让人对抗恐惧和愤怒。不过，笛卡儿（Descartes）[2]是第一个——在他

1 斯多葛学派（Stoïciens）为古希腊哲学家芝诺（Zénon）所创立，它主张以伦理学为核心的一元论。

2 勒内·笛卡儿（René Descartes，1596—1650），法国哲学家。

的著作《激情论》(*Traité des Passions*)[1]中——直指问题核心的人，而他本人也对此引以自豪。他让我们注意到，虽然激情霸占着我们的思想，貌似无所不能，但它其实受制于我们身体的运动；在夜阑人静的夜里，那些老是萦绕脑际的强烈念头，是因为血液的运输和某种不明液体往来于大脑和神经之间的缘故。这种生理上的作乱平常难以察觉，我们只看见它所引发的后果，甚至我们以为它也是由激情所引发的。然而，正好相反，其实是身体运作引起激情的。倘若能明白这个道理，便无须理会那些可能是由梦境或激情所引发的想法。所谓激情，也不过是较有条理的梦境而已，与其怪罪或咒骂自己，不如认清这就是人皆如此的外在必然性。人们或该这么想："我很忧愁，看什么都觉得碍眼。然而，这与发生什么事无关，与我的诸般道理无关。这是我的身体想要思考，而我的胃正在配合它的大放厥词。"

1 作者指的是笛卡儿在生前出版的最后一本著作《灵魂的激情论》(*Traité des Passions de l'ame*)，又名《灵魂的激情》(*Les Passions de l'ame*)或《激情论》(*Traité des Passions*)。

7 恐惧即病

Crainte est maladie

1922.3.5

恐惧所引起的骚动必然会加重不适。害怕失眠的人往往会睡不着，担心胃痛的人往往会消化不良。所以，与其模仿病痛，不如模仿健康。

我认识一名会看手相的炮兵。他原先是个樵夫，山林生活教会他从自然现象中直接判读意义。我猜想，他也从某个巫师那里学会看手相；他从手纹里读出他人的想法，如同我们从人脸上的皱纹和神情中所能读到的一样。在白橡树林里，在烛光朦胧间，他复兴其神殿与庄严。他不仅能对在场者的性格列举出那些往往恰如其分，也总是拿捏得当的见解，还能宣告每个人近期和远程的未来，说出那些叫人无法一笑置之的事情。我后来有机会见证他其中的一个预言成真；所谓成真，这无疑跟我对回忆的额外加工有关，因为我也满心盼望着预言的实现。这个想象的小把戏再次点醒我，并且让我再次确认，我素来保持谨慎是有道理的，因为我从未在这名炮兵或其他人面前展露过我的掌纹。怀疑精神[1]的全部威力来自人对神谕的一无所求，只要人们在神谕上寻求指引，便

1 阿兰是笛卡儿主义者，强调怀疑精神。

或多或少信赖此道。以基督教革命作为标志的神谕的末日，难道不正是一个小小的见证。

泰勒斯（Thalès）、毕阿斯（Bias）、德谟克里特（Démocrite）[1]和古代其他著名的耆老，他们没留意在他们发秃的同时，血压也开始偏高；对此不知情反倒是件不小的好事。忒拜伊德（Thébaïde）[2]的隐士则显得更占优势，他们置生死于度外，结果反而长寿。如果人们从生理学上去钻研焦虑和恐惧的心理，会发现这两种心理状态也是疾病，它们搅进别种疾病里，从而使得病情加剧；就像一个人知道自己病了，但经医生宣告病情的人则是双倍的生病。我很清楚恐惧的心理能促使我们以控制饮食和服药的方式来治疗疾病，然而，什么样的饮食控制和药方能让我们克服恐惧呢？

登高所引起的眩晕是一种货真价实的疾病，它肇因于我们模

1 这三位皆为古希腊哲学家。泰勒斯与毕阿斯并列于希腊七贤之中，德谟克里特是“原子论”的创始者。

2 古埃及南边的区域名。早期基督徒为了躲避迫害而在此隐居。

拟从高处摔落的绝望挣扎。而这纯粹是想象所造成的。应试生也是基于同样的道理而感到腹痛，答错的恐惧和蓖麻油[1]一样对人体起很大的作用。通过这个例子，你可以想见持续的恐惧会造成什么样的影响。不过，为求谨慎，应该这么想：恐惧所引起的骚动必然会加重不适。害怕失眠的人往往会睡不着，担心胃痛的人往往会消化不良。所以，与其模仿病痛，不如模仿健康。像这样的锻炼，虽然从细节上来看还不够明朗，然而健康的征兆必然源于健康的行为。从这个定理来看，礼貌与善意的举止肯定与健康有必然联系。坏医生使人相信自己有病，并由此博得人们的爱戴；相反地，好医生照样问你："身体如何？"却从不听凭回答。

---

1 蓖麻油是一种复合三酸甘油酯，医疗上用作泻剂。

8 关于想象

De l'imagination

1923.2.20

我们从来没有足够的力量去承受他人的病痛，虽然针并不是戳在旁观者的皮肤上；然而，这样的道理却对扫除旁观者的恐惧一点帮助都没有，朗姆酒反而更加有效。

当你因为一场小车祸，而需要医生在脸上缝几针时，治疗用具中通常会包括一杯朗姆酒，它的作用是给害怕手术的你壮胆。不过，喝掉那杯酒的通常不是病人，而是旁观的陪同友人，这个陪伴者在毫无预警的情况下，脸色一阵青一阵白，跟着不省人事。这件事证明了一个相反于道德家的论述，那就是我们从来没有足够的力量去承受他人的病痛。[1]

这个例子很值得好好斟酌，它凸显了一种与个人意见无关的同情。正眼盯着流血和被针钩开的皮肤，会使人萌发难以名状的恐怖感，让人血液僵固、皮肤绷紧。这种想象作用在思想中不着痕迹，因为它的发生不受思想控制。个中道理浅显易懂：针并不是戳在旁观者的皮肤上。然而，却对扫除旁观者的恐惧一点帮助都没有，朗姆酒反而有效多了。

1　法国作家弗朗索瓦·德·拉罗什富科（François VI，duc de La Rochefoucauld，1613 — 1680）曾说过："我们总有足够的勇气去承受他人的痛苦。"（参见本书第 59 篇）

由此我明白了，同类对我们有极大的影响力，这些影响力来自他们纯粹的在场，以及他们显露在外的感受与激情的各种层面。同情、恐惧、愤怒、眼泪早在我想清楚它们的意涵之前，便已经直接对我造成影响。旁观者看见一个糟糕的伤口会脸色大变，而此种惊骇的神色也会被他的旁观者所接收，即便后者根本不知道对方究竟看到了什么。所以，最出色的描述也不及一张激动的脸更能动摇心志。外在的表情是直接且即时的。因此，设身处地地替别人着想，这样的话语无法确切地说明何谓同情。像这样的反省往往出现在同情过后；通过对同类的模仿，人们会立即身陷痛苦之中，而导致一种最原初的、无以名状的惶恐不安。面对此种如发病般的心理活动，人只能诉之于己。

人们大可如此解释眩晕：当人面对悬崖时，他感觉自己会摔下去；不过，若是握着栏杆，他反倒认为自己不会摔下去，即使这种想法不会因此减缓他从脚到头的眩晕感。想象的最初作用总是发生在身体上。我听过下述的一段梦：某人梦见自己身处即将执行死刑的场景，然而他不知道受刑者究竟是他本人，还是另有其人，也无法解释究竟发生了什么事，只是感觉到颅颈间一阵痛苦。这些便是纯粹的想象。在我看来，那个对立于身体的，总被视作宽容、善感的灵魂，也许正好相反地只知道关心其自身，而有血有肉的身体其实是更加动人的，它既被念头所左右，又以行动自我疗愈。过程或许不尽平顺；不过，比起解决逻辑难题，真正的思想还有更重要的任务，而待决的纷扰才足以彰显思想的弥足珍贵。这便是人体激烈运动的隐喻。

9 思想的病
Maux d'esprit

1910.12.12

想象比刽子手还坏，它为恐惧加料，让我们像美食家般品味着恐惧。然而，唯有活人才惧怕死亡，唯有快乐的人才掂得出厄运的重量。

想象比刽子手还坏，它为恐惧加料，让我们像美食家般品味着恐惧。现实的灾难不会重演，受害者在出事的同时便已死去，而在祸事发生的前一刻，他就跟我们这些从来没想过灾难的人无异。一个散步者被汽车撞上，摔到二十米之外，当场死亡。悲剧就此结束。它既无开始，也无延续；而使延续诞生的，是反省。

同样地，只要我想着这场事故，就无法对它做出准确的判断。我是作为一个总是可能被压死，却从未真正遇上的人来判断这场车祸。我想象着这辆汽车迎面驶来，如果真的遇上这种事，我一定会拔腿就跑；可是我没有，因为我设身处地地把自己摆在那个被压死的人的位置上。我就像一个电影镜头般，慢速播放着自己被压住的场景，还不时定格这些画面，加上无数次的回放；我安然无恙，却死过上千回。帕斯卡说过，正因为健康的人很健康，他才难以忍受病痛。当我们病得很重的时候，除了忍受疾病的发作之外，其实无暇顾及其他。一个事实的好处在于，即便再糟，它也已经终结了各种可能性带来的惴惴难安，不再是个未定数，并为我们指向一个新色彩的崭新未来。一个重病者会把他先前的那种不甚好的、过去可能视为遭遇诅咒的身体状况，当作无上的幸福。我们远比自己所以为的更加务实。

现实的疾病来得很快，就像法国的刽子手一样利落——割断犯人的头发、拉松他的衬衫、绑住他的胳膊，推他就刑。我觉得这个过程很漫长，因为我翻来覆去地想着这件事，因为我试图听见那剪刀的撕裂声，试图感觉刽子手的助手们按住我的臂膀。而事实是，感受一波波地袭来，犯人真实的想法一定就像被切成好几段的蚯蚓般抖个不停；我们觉得蚯蚓因为被肢解成数段而痛苦着。不过，究竟是哪一段使蚯蚓痛苦呢？

面对一个陷入痴呆的老人或脑子变钝的酗酒者，会让人萌生“凭吊友人”的痛楚。他们会感到难过，是因为希望朋友仍是现在的自己，也是过去的自己。然天地因循其法，幸亏它步步皆不可逆，每个新的事态才会使下一个事态成为可能。你把他们所有的不幸浓缩在同一点上，不过，那些不幸其实稀释在时间的长途里，这一刻的不幸会使得下一刻能够继之而来。老人并非受衰老所苦的年轻人，逝者并非活着的死人。

因此，唯有活人才惧怕死亡，唯有快乐的人才掂得出厄运的重量；或者干脆这么说，比起自身的疾病，人们对别人的疾病更加敏感，半点不假。如果人们不对此稍加注意，便会对人生做出错误的判断，视之为畏途。与其上演悲剧，不如运用正确的知识，倾全力去想清楚眼前的现实。

10 阿尔冈 Argan[1]

1923.9.11 –

> 我们觉得微笑微不足道，对情绪也没什么影响，所以不会试着去笑。不过，偶尔出于礼貌，我们会挤出笑容并作势致意，跟着我们的情绪也整个改变了。

出于一些非常琐碎的理由，例如鞋子太紧，便可能整天都觉得不对劲。不仅看什么都不顺眼，就连判断力也跟着降低。改善的药方其实很简单，像是脱掉衣服一般褪去所有不快即可。我们其实再明白不过，即使仍处在不愉快之中，只要了解原因为何，这些痛苦也会跟着减轻。被别针戳了的婴儿之所以哭得像身染重命的模样，那是因为他既不明白原因，也无解决之道，偶尔甚至是在过分哭喊导致不舒服时，也只会哭得更用力。这被称作一种想象的病。想象的病痛和其他病痛同样真实，只是这些想象的病是因为内心的运作才患上的，但我们却问罪于外在的事。因为哭闹而恼羞成怒，这绝非婴儿的专利。

人们常说坏脾气是一种无药可医的病。这也是为什么我先用这些例子来说明，一个极简单的动作就能立即消除痛苦和烦躁。

---

1 莫里哀（Molière，1622—1673）的喜剧《无病呻吟》（*Le malade imaginaire*）中的主人翁。

小腿抽筋能使最坚强的人痛叫出声；然而，只要把脚板尽量压平地贴在地面上，便能瞬间复原。当有个小飞虫或炭屑跑到眼睛里时，如果去揉它，则要痛上两三个小时；不过，要是能管住双手，不轻举妄动，双眼径直盯着鼻头上的一点，不出半刻，眼泪就能帮你把异物冲走。而自从我学会这种简单的招数，已经灵验过不下二十次之多。这件事证明了，最聪明的做法，也许并非劈头就去责问我们周遭的人，而是首先要对自己多留点心。有时候，人们觉得从别人身上看到一种对自怨自艾的偏好，这表现在某类疯子身上尤其显著，便使其染上了一种神秘色彩，甚至是魔鬼作祟之感。其实是被想象所蒙蔽。一个人在抓痒，其中并没有什么太深的道理，也与渴望受苦无关，他只是不明就里、一个劲儿地躁动和恼火而已。因为害怕从马背上摔下来，我们动来动去，并且深信这才是驾驭之道，殊不知正是这些动作把马给吓坏了。由此，我可以像个斯基泰人（Scythe）[1]一样断定，当人学会爬上马背，他便拥有全部或近乎全部的智慧了。摔也可以是一门艺术，它在醉鬼身上效果惊人，因为他压根没想到要怎么平安地摔下来；在消防员身上也令人激赏，因为他训练有素，懂得如何无畏地往下摔。

我们觉得微笑微不足道，对情绪也没什么影响，所以不会试着去笑。不过，偶尔出于礼貌，我们会挤出笑容并作势致意，跟

1 斯基泰人（Scythe），希腊古典时代在欧洲东北部、东欧大草原至中亚一带（今俄罗斯南边）活动的民族。他们善于养马，是史载发明骑术最早的游牧民族。

着我们的情绪也整个改变了。生理学家很清楚个中道理。微笑就跟打呵欠一样，这些动作深入体内，逐步地放松我们的喉咙、肺，直至心脏。在医生的药箱里找不到比微笑更迅速、更温和的药品了。此时，想象通过一种和它的病同等真实的慰藉，把我们拉离痛苦。此外，想表现无所谓的人会耸肩，而仔细一想，这个动作给肺通了气，也从各种意义层面上，让心能安定下来。因为心的安定可以有很多种说法，但无非就是要安心而已。

11 医学
Médecine

1922.3.23

最有效的自我安慰，就是明白我的关心和忧心也会造成身体近乎同等程度的混乱。所以当务之急，是尽可能地保持心情愉快，接着扫除对身体状况的忧虑，那种只会导致人体自然运作紊乱的忧虑。

学者说：“我懂得很多真理，而对于我所不知道的事，也有足够的认识。我明白一个机器是怎么运作的，并且很清楚只要一个螺丝钉的松动，一点点的疏忽、几分钟的大意，便足以摧毁一切，而会出错总是未及时向匠人请益之故。因此，我为自己保留了一点时间，用来关心这个我称之为身体的复合机器。并且，只要这机器出现一点摩擦或运转不顺畅的嘎吱作响，我便会请教专业人士，让他检查患病或假设出了毛病的部分。因为谨遵大名鼎鼎的笛卡儿的劝告，若撇开命中注定的意外不算，我肯定自己能延续我从父母那里得到的生命，直至身体这个机械的使用年限为止。这就是我的智慧。”学者侃侃而谈，生活却过得惨淡。

读书人说：“我懂得很多因为盲从而复杂化人生的谬论。这些错误教会我一些重要却为博学者所忽略的真理。书上说，想象是人类世界的王后[1]，伟大的笛卡儿在他的《激情论》中向我解释了缘由。即使我能克服不安，却仍避免不了它对我的五脏六腑所造成的骚乱；它作为一个惊吓，不可能不使我心慌。而光是想到生菜里有条蚯蚓，便足以让我感到恶心。所有这些疯狂的念头，就算我半点不相信，也会引爆我内心深处的天人交战，叫我无法控制地霎时血液逆流、情绪骤变。而且老实说，即使我吃下的每一口都伴随着看不见的敌人，它们对我的心脏和胃功能的影响，也不会大过我的情绪变化，以及想象的幻影对我所造成的影响。所以当务之急，是我得尽可能地保持心情愉快，接着扫除对身体状况的忧虑，那种只会导致人体自然运作紊乱的忧虑。谁不知道在各个民族史上，总有些人死于深信自己遭到诅咒？谁不知道幻术之所以能成，就是当事人想要它灵验？而除了让我听话以外，良医还能有别的招吗？当他的一句话就能改变我的心跳时，我还需要他开的药丸吗？我不太清楚对医学能有什么样的期待，但我很清楚畏惧它的后果。而我相信，一旦这个我称之为我的机器出了什么乱子，最有效的自我安慰，就是明白我的关心和忧心也会造成身体近乎同等程度的混乱的道理。因此，首要，也是最妥当的方法，就是别再担心是胃或肾，甚至是鸡眼的毛病。一小块硬皮竟能造成如此巨大的痛苦，难道不是一个关于要沉着的好教训吗？”

1　此指“主宰”的意思。法文的“想象”（imagination）是阴性名词，所以，采用对等的阴性名词“王后”（reine）来譬喻“想象”的地位。

12 微笑
Le sourire

1923.4.20

如果我们不够聪明，那就去求助于礼貌；去寻找必须露出微笑的场所。

我得承认，坏脾气多半是结果，而非原因。我甚至倾向相信，我们大部分的疾病来自对礼貌的遗忘，我所谓的礼貌指的是人体对自己的一种强迫。我父亲[1]因为工作所需会去观察动物，他说在相同条件限制、同等体能消耗的情况下，他很惊讶地发现动物较少生病。这是因为动物没有脾气。所谓脾气，指的是人通过思想所保持的一种恼火、疲惫或者烦躁的情绪。举例来说，任何人都会同意，想睡却睡不着的时候会让人抓狂，而导致失眠的理由，其实就是对睡不着的忧虑。又譬如说，病人老是害怕病情加重，这些噩梦造成了他的焦虑，也使他远离了康复。常言说得好，要不揪心，就别望着楼梯爬，因为正当我们需要一鼓作气往上爬时，想象的影响会让我们泄了气。更确切地说，愤怒和咳嗽都是一种病，甚至可以把咳嗽看作是恼火的一种类型。即便咳嗽的原因在

1 阿兰的父亲是一名兽医。

身体内部，可是人的想象就等着咳嗽，甚至可说是找咳嗽的机会，只因为他认为可以通过剧烈的咳嗽来摆脱病痛，就像抓痒的人一样。动物也会抓痒，甚至到抓伤它们自己的地步；然而人有一种危险的特殊能力，请容我大胆地说，那就是光用想象就会抓起痒来，通过激情便能直接刺激心跳，让血流加速。

关于激情，并不是只要用想象就摆脱得掉，而是得让脑袋转个弯，就像有些聪明人放弃沽名钓誉，以免被欲望牵着鼻子走一样。然而，坏脾气与我们如影随形，它让我们喘不过气来，结果就会让我们身陷忧愁且持续在这种状态之中。郁闷的人无论是坐着、站着还是说话，都在维持着一种郁闷的状态。恼火的人则用另一种方式捆住自己；而颓丧的人在最需要力量来支撑自己的时候，却偏偏任由肌肉松弛，没半点力气。

克制脾气，这并非判断的工作。判断无助于改善，这件事得仰赖改变态度和合宜的举止，因为我们唯一可以自己决定的事，就是让肌肉运动。微笑、耸肩都是能抵御烦恼的常识，而且你还会发现，这些运动是多么轻易地能立即改变人体内的循环。刻意伸懒腰和打呵欠，都是对抗焦虑和浮躁的好体操。可是，浮躁的人不会想到要摆出无所谓的样子；同样地，失眠者也不会觉得要模仿睡觉的姿势。反之，犯脾气的人沉浸在自己的脾气里，以至于他怎么也好不了。如果我们不够聪明，那就去求助于礼貌；去寻找必须露出微笑的场所。这也是为什么社交场合中的生面孔往往最受欢迎的缘故。

13 意外 Accident

1923.8.22

最大的痛苦来自不正确的思考，光是明白想象的痛苦不等于实际上的痛苦，这已经使我获益良多了。

每个人都曾冥想过从高处坠落的恐怖。一辆大客车已有一个轮子悬空，车身正开始缓缓地向外倾斜，这些倒霉的乘客悬空在万丈深渊上，发出惨绝人寰的尖叫声。这样的画面很容易去想象，有些人会在梦中产生开始往下坠和快要撞上什么的感觉。然而，这是因为他们有时间去想、去模拟这件事；他们品味着恐惧，为了想清楚坠落，他们停住坠落。有个女人某日跟我说："我什么都怕，总有一天，我会被吓死的。"幸好，一旦真有事情落在我们头上时，谁都没空去管那么多；时间的锁链仿佛被切断，这才使得偌大的痛苦都变得只有毫末大小，难以察觉。恐惧具有麻醉的作用。具有类似效果的哥罗芳（chloroforme）[1] 最多只能麻醉大脑，其余的器官都仍在躁动着、受苦着，它们只是因为少了大脑的组织而无法综合出一个具体的感受。只有全神贯注时才能感受到折磨，否则它

1　三氯甲烷，又名氯仿，可作为麻醉剂或镇静剂。

往往无法被察觉到。只发生在千分之一秒中，又立刻会被遗忘的痛苦能算得了什么？像牙疼一样，折磨假设了一种即将发生的痛苦让人等着，让人在它正式发生的前后，多预留了一段时间；然而，它转瞬间就结束了。我们的恐惧往往多过实际上所遭受的痛苦。

这些描述是对意识自身的如实分析而得来的，它们是货真价实的安抚方式。可是，想象绘声绘影，制造恐怖是它的拿手绝活，只有经验过的人才会明白。而这种经验也没少过。我自己就曾经在剧院里，被一阵突兀的惊慌失措给推挤到离我座位十米远的地方；其实不过是冒出点焦味，大家便乱作一团纷纷逃窜。而不明就里地被人潮推挤着走。还有什么比这更吓人的吗？不过，无论是在当时还是事后回想起来，我都没感觉到恐惧。我那时纯粹只是被移动了位置，而正因为当时的情况不容许我思考，我的脑中其实是一片空白。什么预感或回忆都没有，没知没觉的，比较像是突然睡着了几秒钟。

我出发上前线[1]的那个晚上，阴暗的车厢里一片闹哄哄的，大家指手画脚地描绘战场上骇人听闻的各种景象，这些不甚愉快的念头在我脑袋里挥之不去。在场有些从沙勒罗瓦（Charleroi）[2]撤下来的士兵，这让他们有空闲的时间去体会恐惧。甚至，角落里还有一个头部缠着绷带、面目僵死的人，他的这副模样为战争的骇人画面多增添了几分真实性。描述者说："他们像蚂蚁般蜂拥而至，我们的炮火完全抵挡不住。"被挑起的想象遂一发不可收拾。幸亏，那个半死不活的人开口说话了，他向我们讲述他在阿尔萨斯（Alsace）是如何被一块炸弹碎片击中后脑，差点死掉的经历；这个痛苦不再是想象出来的，而是货真价实的。他说："我们当时在丛林的掩护下逃窜。我跑出森林外，而从那一瞬间起，我就完全不清楚发生了什么事；就好像一阵飓风突然把我打倒，等我醒来时，已

1 指第一次世界大战。
2 位于比利时南部埃诺省（Hainaut）的一个城市。

经躺在医院的床上了。据说他们从我的头部取出一块拇指大小的炸弹碎片。”这个从鬼门关里逃回来的退役军人，就这么把我从想象的痛苦带回到真实的痛苦上。这件事使我理解，最大的痛苦来自不正确的思考。然而，即使懂得这个道理，却无法阻止我不去想象这种突如其来的惊吓、碎片击破头骨的轰隆作响。不过，光是明白想象的痛苦不等于实际上的痛苦，这已经使我获益良多了。

14 惨剧 Drame

1912.4.24

无论死者曾有过什么样的感觉，死亡使一切归零。然而，在幸存者的想象里，死者从未停止死去。

船难幸存者难以忘怀那些曾经发生过的恐怖经历。[1] 舷窗外冒出一堵冰山，霎时间，迟疑和一丝希望交错浮现，然随之而来的是宁静的海面上，灯火通明的船舱的景象。接着船头下沉，所有灯火瞬间熄灭，一千八百名乘客放声尖叫，而船尾像座高塔般竖起，船上的机器纷纷往船头滑坠，发出雷鸣般的巨响。最后，这口大棺材不起半点涟漪地缓缓没入水中。孤独笼罩着寒夜，历经这样的寒冷、绝望而后到来的是拯救。这桩惨剧夜夜重演，教船难幸存者们无法入眠；他们持续编织着那些记忆，使每个细节都有各自悲剧性的意义，如同一出精心编排的剧本。

《麦克白》（*Macbeth*）里有一幕场景：旭日东升，城堡守卫仰望着曙光和飞燕，清新、朴实与纯洁的气息充满了整个画面；然

1 阿兰撰写此文的该月，英国发生泰坦尼克号沉船事件。

而，我们很清楚一桩罪行已经发生。[1] 悲剧的恐怖性在此处抵达高峰。同样地，关于船难的回忆，其中所有的点滴都是在事件过后的延续里才逐渐明朗。例如，这艘光亮、安静且坚固的大船在当时曾是令人放心的景象，而在幸存者往后的回忆里及梦里，这个我所描绘的景象却成了大难临头的前兆。惨剧正在为一个熟悉内情的观众播放，他知道并感受着死亡步步逼近，只是在事发当时，这样的观众并不存在。彼时，谁也无暇思考；场景变换之际，印象也跟着改变了。讲得更浅白一点，当时根本称不上有场景，而只是一些无法预料的、无法解释的与无法连贯的知觉，尤其是毫无头绪的行动。船难时的那些想法秒闪秒逝，每个景象都转瞬即灭。事件终结了惨剧，那些在船难中丧生的人什么也感觉不到。

感觉是反思和回想。无论在大或小的意外里都能观察到这一

1 威廉·莎士比亚（William Shakes peare，1564—1616）的作品。此处指的是麦克白将军趁夜谋杀苏格兰王邓肯的剧情。

点，初次的、预料之外的、急迫的行动占据了所有的注意力，而夺去了所有的感觉。企图还原事件本身的人，如果他够诚实的话，他会说自己仿佛置身梦境，既理解不了，也毫无预感；然而，他所曾感受到的恐怖会让他在日后回想的时候，把事件当成一桩惨剧来叙述。在巨大的悲怆中也有同样的情形，当人陪伴病患直到临终之际，他会像是陷入一种呆滞的状态去办事与应付每分每秒的感受。即使他向别人描述当时的恐惧与绝望，他也并非在当下受苦。那些太在意自己苦楚的人，当倾诉能赚取别人眼泪时，便由此获得一点小小的宽慰。

尤其要说的是，无论那些死者曾有过什么样的感觉，死亡使一切归零。在我们打开日记本倾诉前，死者的苦难已然结束，他们已被治愈了。这样的想法并不令人陌生，这使我想到人们并不真正相信死后的世界。然而，在幸存者的想象里，死者从未停止死去。

15 论死亡
Sur la mort

1923.8.10

我们的想象正是我们自己的敌人，我们对它毫无办法，因为想象是无限的，所以痛苦总会一再产生，毫无改进。

一个重要政治人物的辞世，让人有反思的机会，因而随处可见化身为神学家的人。每个人都想到自己，以及人终有一死的法则，可是死亡这样的念头毫不具体，我们反求诸己所感受到的仍是活着的自己。这因此形成一种焦躁。因为我们不知该如何面对这个完全无形的抽象威吓。笛卡儿说：“最大的痛苦莫过于举棋不定。”而这下可好，思考死亡就是自找苦吃，且无药可医。那些准备上吊的人都好过于此；他们选择了钉子和绳索，直到最后那一蹬，无不操在自己手里。就像有风湿痛的人老在为他们的腿寻找舒适的位置，因此每种状态，不管它的处境有多糟，都需要某种实际的照应和改善。然而，一个老想着死亡的正常人是近乎荒谬的，毕竟他所担心的是根本还未知的危险。这股无名火不可遏抑，因为它是纯粹激情的结果。无计可施之余，可尝试打牌，这个游戏巧妙地让思考过度的人去面对一些确实有解的问题，且高下立判。

人并非只有在特殊情况下才显得勇敢，而是本质上是勇敢的。行动需要冒进，思考需要冒进。危险无处不在，人却毫不胆怯。你瞧，人会寻找、挑衅死亡，却不知如何等待死亡。游手好闲之徒因为焦躁而变得好战，这并非他们想死，而是他们想感受到自己活着。战争的真正原因显然是一小撮人的百无聊赖，他们想要一种明确的危机，甚至不惜去约战，像打牌一样。胼手胝足打拼的人则显得和气，这并非出于偶然，而是他们时刻在赢得胜利。他们的人生是充实且正面的。他们从未间断地战胜死亡，而这才是思考死亡的真正方式。让士兵操心的并非人不免一死的抽象条件，而是应接不暇的实质上的危险。战争很可能是对付辩证神学的唯一药方。杯弓蛇影最终导致我们发动战争，因为世界上唯有真实的危险才能治愈恐惧。

再瞧瞧病人的例子，他真实的生病治愈了他对自己可能生病的恐惧。我们的想象正是我们自己的敌人，因为我们对它毫无办法。该如何对付纯属假设的状况？一个人假使破产了，他立刻会有许多待办的事项，这使他重新找回生命的完整性。而一个害怕破产、变穷的人，光是想象着汇率浮动、证券贬值，这又能如何呢？他又能要求什么呢？无论他想到什么都会立刻生出一个相反的念头去否决它，因为想象是无限的，所以痛苦总会一再产生，毫无改进。他所有的行动都有始无终、相互矛盾。我认为在恐惧里只有毫无益处的烦躁，而沉思所增添的总是恐惧。当人开始思考死亡的时候，他便害怕死亡。我深信如此。不过，光是想着死亡却什么都不做，怎么不让他害怕？当思想被各种可能的死亡给唬住时，怎么让他不怕？光想到考试便让人腹痛如绞，像这样五脏六腑绞得如同被人拿刀子抵着肚皮，难道不可怕？当然不可怕！因为就是根本无事可决定时，才会感到肚子里有把火烧得六神无主。

16 姿态
Attitudes

1922.2.16

礼貌的习惯对我们的思想有很大的影响力。假使我们表现出温柔、善意和愉快的模样，对缓和脾气和胃痛的帮助绝不容小觑。

即使是最粗鄙的人物，当他表现出自己的不幸时，都会成为大艺术家。假使他心头难过，你会看到他的双手紧紧揪着胸口，全身肌肉纠结僵硬。即使眼前不见任何敌人，他仍会咬牙切齿，硬挺着胸膛，朝着空中挥拳。而且你要知道，就算他不从外在上做出这些让人难安的举止，在他不动如山的身体内部，也从没少过这类心理的活动，而这样的后果更加严重。人们有时会觉得奇怪，当睡不着觉时，脑子里挥之不去的多半是些令人不快的念头；我敢打包票，这些不快的念头肯定是被身体所发出的类似不舒服信号给引来的。肌肉运动有助于克服精神上的痛苦与疾病的征兆，而且这个药方屡试不爽，只是从没人这样想过。

礼貌的习惯对我们的思想有很大的影响力。假使我们表现出温柔、善意和愉快的模样，对缓和脾气和胃痛的帮助绝不容小觑，包含鞠躬和微笑在内的这些动作都很有帮助，它们使得暴怒、猜疑和忧愁这类跟它们相反的动作无处施展。这也是为什么社交、拜访、仪式和庆典总是受人欢迎，因为这是表现幸福的机会，这种喜剧让我们远离悲剧，功劳不小。

宗教的姿态很值得医生去研究，因为信徒跪拜、折下腰和放松的状态舒缓了内脏，并使得身体机能的运作更加顺畅。“低头吧，高傲的西冈勃尔人（Sicambre）。”[1] 他并未被要求停止发怒或傲慢，而首先是保持沉默、休息双眼，并把身体放软；这种方式去除了性格里的暴躁成分。不过，这并非一种长期的或一劳永逸的方式，因为我们的力量远不及此，而是立即见效与暂时性的。宗教的奇迹并非奇迹。

一个人如何驱逐恼人的念头，这很值得一看。你见他耸耸肩又晃着胸膛，像是要松开肌肉；你看他甩甩头，想产生别的感觉和

1　此言出自罗马史学家都尔的圣额我略（Sanctus Gregorius Turonensis）的作品《法兰克民族史》（*Historia Francorum*）。记录主教圣雷米（Saint Remi）在为建立法兰克王国的克洛维一世（Clovis）施洗礼时所说的话。西冈勃尔人原是日耳曼族（Germaniques）或凯尔特族（Celtique）的一支，后与法兰克人混和，因此西冈勃尔人就成了法兰克人的别称。

幻想；或通过一个随性的动作，把烦恼抛得老远；一弹指，就准备要跳舞。如果有人在一旁弹竖琴，他的手势就会跟上节拍，以便甩开所有的暴怒与不耐烦，连抑郁也跟着治愈了。

我喜欢表示困惑的动作。人搔搔后脑上的头发，不过是用来转移注意力和取乐的小花招，使人免于做出一些像是丢石头、投标枪等可怕的动作。表达的动作会带来和平或战火，系于一念之差。念珠是一种很棒的发明，它让思想和手指忙于计算。然而，智者的诀窍更加高妙，他很清楚意志拿激情没辙，但是它可以指挥人的身体。因此常言道，说服自己很难，但抓起小提琴演奏一曲却不难。

17 体操 Gymnastique

1922.3.16 –

处于烦躁的时候，别试图说服自己，因为你的大道理会反过头来攻击你；然而即使只是耸耸肩，那被锁在胸口的烦忧也会跟着一扫而空。

要如何解释一个在上台前吓得半死的钢琴家只要一开始弹奏，所有的恐惧就会瞬间烟消云散？有人会说，他忘了要害怕，这话说得挺对的。不过，我偏好更深入地去反省恐惧本身，而这使我领悟到，艺术家是通过他灵巧的手指运动去战胜、扫除恐惧的。正因为我们人体是一台牵一发而动全身的机器，只要胸口没放松，手指便无法放松；灵巧和僵硬一样，会扩散到全身。因此，在一个管理得当的身体里，没有恐惧的位置。引吭高歌与雄辩时所散发的自信，也是他们全身的肌肉都在跟随着这样铿锵的节奏而运动。一个重要却经常被忽略的事实是，让我们不再受困于激情的并非思想，而是行动。人们无法控制自己要想什么，但是当他把某些动作操练到熟悉无比，肌肉可以通过体操运作自如的时候，他便可以随心所欲地运动。处于烦躁的时候，别试图说服自己，因为你的大道理会反过头来攻击你，倒不如去试试现今在每个学校里都能学到的抬手缩臂运动，其效惊人。这也是为什么哲学老师把你往体操老师那里送的原因。

一个飞行员对我说过，他躺在草地上等天晴的时候，曾因为想到起飞后的那些种种无法掌控的危险，陷入足足两个小时之久的巨大恐惧之中。而等他真的回到天上，操纵着他所熟悉的机械时，他的恐惧便不见踪影。这个说法让我想起曾经读过赫赫有名的《丰克[1]的冒险》里的一段。一日，他驾驶着战斗机在四千米的高度飞行，他注意到操作系统不管用了，而且机身正在往下坠。他遍寻原因，最后发现是一颗炮弹从弹舱里脱位而卡住整部机器。最后，他在战斗机持续坠落的同时，把炮弹推回原位，并且在没有其他损害的情况下，成功地将机头拉起。这位勇敢的战士在事后回想或午夜梦回时，每当想起这惊心动魄的几分钟，仍旧感到惊魂未定。不过，倘若有人认为丰克当时和现在是同样程度的心有余悸，

1 勒内·丰克（René Fonck，1894—1953），法国空军军官，著名的冒险家。

这么想就错了。我们的身体并不那么随心所欲，一旦未接收到指令，它就会放任自己去反应，而这反倒会暴露出它没办法好好地同时完成两件事；手心要不打开，要不合上。要是你打开手心，就把所有紧攥在拳头里、激怒你的念头都放掉了。即使只是耸耸肩，那被锁在胸口的烦忧也会跟着一扫而空。这就好像你无法同时吞咽又咳嗽一样，而这正是我拿来解释药片功效的道理。[1] 同样地，如果你能打呵欠，就能成功治好打嗝。但是要怎样才能打呵欠呢？只需要模拟打呵欠时的伸懒腰和张大嘴；人的身体里藏有一只动物，它既会无预警地让你打嗝，也会因为你摆出打呵欠的姿态而跟着打呵欠。这便是治疗打嗝、咳嗽和忧虑的特效药。不过，会开出每刻钟打一次呵欠的处方的医生，该上哪儿找呢？

---

1 可参见本书第 2 篇《恼火》。

1913.12.24 –

18 祈祷
Prières

人一旦受激情左右，他们便展现出令人吃惊的天真。而最令人感到意外的是，理智根本拿激情没辙。

人们无法圆张着嘴巴，却一个劲地想要发出“i”的声音。[1]你只要一试，就会发现这个仅止于想象的、无声的“i”，最后会变成一种类似“a”的声音。这个例子证明了，若身体的运动器官执行着与想象所要求的相反的运动，那么想象其实没有太大的影响力。人的举止就是对这层关系的直接证据，因为举止是展现想法的运动；假使我在生气，我就会握紧拳头。尽管大家都明白这件事，却没人从这个普遍的事实里去找出一个能够排解激情的方法。

所有的宗教都会有个巧妙的实用智慧。例如，一个不愿承认事实的不幸之人，他用尽全身的动作来反抗这个事实，可是无意义的费劲只是加重了他的不幸，并让他精疲力竭，而与其对这样的他讲道理，不如让他跪下、把头埋进双掌之间。因为通过这个

1 法语中的“i”念起来像是英语中“e”的发音。

体操——这再恰当不过的词——你阻断了想象的暴戾状态，并使他暂时脱离了绝望或暴怒的影响。

而人一旦受激情左右，他们便会展现出令人吃惊的天真。他们难以相信克服激情的方法其实很简单。一个吃了亏的人会先去找上千条的理由来证明自己蒙受损害；他寻找加重别人罪行的事证，也一定能找到，而且他还能从对方的过往追溯出类似的恶行。他对自己说："看吧，我完全有理由感到愤怒，而且我决不罢休、决不宽恕。"这是第一个阶段。接着出现的部分是理智，因为人人皆是非凡的哲学思辨家，而最令人感到意外的是，理智根本拿激情没辙。人们常说："理智每天告诫我……"然而，悲剧就在于主事者根本不听理智的劝说。怀疑论者指出，正是这种情况迫使人相信存在着无可抗拒的命运，其所言不虚。最古老神祇的观念，如同此观念最细致的表现一样，都源自人类感觉自己被审判、被定罪。在久远的人类起源时期，人认为自己的激情和梦境皆来自众神[1]，每当觉得宽慰或获得解脱时，他们都从中认出神的恩宠。一个怒不可遏的人双膝跪地，企求能得到内心的平静，而他必然能得到他所要的平静，如果他跪下的话；你会领悟到他所摆出的姿态能消解愤怒。而他会说，自己感觉到一股善的力量把他从痛苦中释放出来。这让人明白宗教神学就是这么自然而然地深植人心。如果这个愤怒者没有获得任何平静，也会有某个劝告者轻描淡写地指出是他不够诚心的缘故，因为他没有跪下，或者更应该说，由于他过分执着于他的愤怒；神学家会说，这恰巧证明了神灵是公平的，它会倾听人的心声。而神父的天真不亚于信众。长久以来，人类受激情左右，后来才注意到人体的运动是激情产生的原因，这使得一套适切的体操遂成为能治疗情绪的药方。这正是因为他们注意到，包含仪式和我们所谓的礼貌在内的姿态所

1　希腊的众神以人类的形态出现，而非抽象、纯理性的概念。因此它们除了超凡的神力与不朽的生命之外，还具有和人类相似的性情、脾气。

能产生的巨大影响力。这些瞬间改变的情绪叫作皈依，一直以来被当作奇迹。而迷信原本就总是通过一些超自然的原因来解释实际的效果。不过就算到了今天，当最富学问的人遇上自己的激情被触发的时候，他还是会把这些他所明白的道理完全抛诸脑后。

19 打呵欠的艺术
L'art de bailler

1923.4.24

打呵欠通过深度地疏通体内的空气，使人瞬间转移了注意力和争论点。通过这个有效的重整，人体放下思考，展现出对活着的心满意足。

一只狗在壁炉旁打呵欠，这暗示着猎户把该烦恼的事留待明天。这种由直率、毫无拘束的伸展所呈现出的美丽生命力，不禁令人群起仿效；大家都会跟着伸懒腰、呵欠连连，然后准备就寝。这并非因为打呵欠是疲惫的征兆，而是打呵欠通过深度地疏通体内的空气，使人瞬间转移了注意力和争论点。通过这个有效的重整，人体放下思考，展现出对活着的心满意足。

众人皆知，专注和惊吓会使人不自主地屏住气息。生理学的发现使这件事变得更加毋庸置疑，它指出在胸腔附近的强健肌肉一旦陷入激动状态，便会紧缩、瘫痪胸腔。值得注意的是，类似投降的、挥舞着双臂的动作相当有助于舒缓胸腔的压迫，而用力打呵欠的样子和这个动作颇为类似。由此可见，再微不足道的烦忧都会让人极为揪心地做出压迫胸腔的举动，然后开始焦躁。焦躁和期待像姊妹[1]，只要我们有所期待，就会开始焦虑，即使只是鸡毛蒜皮的小事也一样。随着这种痛苦而来的是不耐烦的情绪，对着自己生闷气，却什么问题也解决不了。仪式是这样一系列的拘束，而穿着正式服装出席更加重这样的拘束，使烦闷不断蔓延其中。不过，打呵欠也有传染性，它也能治疗在仪式中被感染的烦闷。人们对打呵欠竟能像疾病一样传染开来感到纳闷。我认为像疾病一样传染出去的是沉重、专注和满腹牢骚的神情；相对地，呵欠则像是恢复健康的身体的报偿，它通过对一丝不苟的放弃而传播出去，表现出无所谓的样子。而这样一个像是解散般的信号，正是大家所期待的。谁也无法抗拒这小小的舒适，所有的正经都得屈服于此。

笑和哭也属于相同类型的解决方式，只是相较于呵欠，它们

1 指这两件事是一起的、无法分开的。这两个名词皆为阴性，因此用“姊妹”（soeur）一词相称。

比较刻意，比较强势，像是两种想法的相互对峙，一紧一松。而打呵欠的时候，所有的想法都抛诸脑后，无论是令人紧绷还是放松的想法都一样；自在地活着把一切想法都扫空。所以狗总是打呵欠。所谓神经质的这类疾病，其实就是思想导致的毛病，而只要这类病人打了个呵欠，大家都会觉得这是病情好转的迹象。不过我认为打呵欠和它所表现出的易困一样，对所有疾病的治愈都有帮助。这意味着我们的想法对疾病的影响很大，下面这种说法可能比较有助于理解我的意思：我们可能无意间咬到舌头而感到疼痛，咬到舌头在法文里有后悔的意思，因此会联想到疼痛；相反地，打呵欠却不会有产生任何想法的风险。

20 脾气
Humeur

1921.12.21

> 如果你在寻找快乐，请先储备快乐；在收割以前先心怀感激。因为希望促使希望的理由诞生，好兆头则会带来好事。

抓痒是激化事态的不二选择。这是在伤口上撒盐，也是跟自己过不去。孩子一开始就试了这种方法。他大哭特哭，被自己的愤怒给激怒了，又拒绝被安慰，这就是赌气。用伤害所爱的人的方式来伤害自己。所有的惩罚都是为了惩罚自己。因为羞耻于无知，干脆声明绝不读书。为了固执而固执。出于愤怒而咳嗽。在记忆里寻仇；拿针戳自己；以一种悲剧演员的表演方式，伤害、羞辱地责备自己。认为坏事才是常道，拿大家都是坏人的借口来容许自己作恶。敷衍了事，等失败了才说："我早知道不会成的，幸好我没认真。"到处板着脸，又怪人冷脸相对。处处惹人嫌，却又奇怪自己不讨人喜欢。用愤愤不平的方式想让自己入睡。质疑所有的快乐，用忧愁解释一切，对所有的事情都有意见。把一时激起的脾气当作自己的脾气，判决自己："我就是害羞、笨拙、记性差、老了。"先把自己弄得邋遢，再去照镜子。诸如此类都是让人闹脾气的陷阱。

因此，我敬重能这么说话的人：“天气真冷，这有益于健康。”要上哪儿去找比这更好对付冷天气的方法呢？当吹北风时，搓手是最棒的了。在这种时候，直觉就是智慧，而身体的反应让我们觉得快乐。开心是抵御寒冷的唯一方法。如同快乐大师斯宾诺莎所说：“并非暖和才使我觉得开心，而是因为开心才使我觉得温暖。”同样的道理，应该要对自己说：“并非成功才使我觉得开心，而是因为开心才使我能获取成功。”如果你在寻找快乐，请先储备快乐；在收割以前先心怀感激。因为希望促使希望的理由诞生，好兆头会带来好事。因此，应该把事事都当作好兆头、好意。爱比克泰德（Épictète）[1] 说：“只要你愿意，乌鸦也可以是来向你报喜的。”他的意思不仅是应该把一切都视为快乐，更重要的是好的希望会让一切快乐成真，因为好的希望会使事情好转。如果你遇上了一个

1　爱比克泰德（Épictète，55—135），古罗马新斯多葛学派哲学家。

自己不快乐，也搞得大伙都很郁闷的人，你应该先对他微笑。如果你要就寝了，就该一心想着能睡着。简而言之，世界上最可怕的敌人莫过于自己。我在前文中描述过一种疯子的心理状态，然而那种疯子不过是把我们会犯的毛病放大了而已。在最轻微的脾气发作中，都藏有被害妄想的痕迹。我不否认这种疯狂和控制我们反应的神经系统的轻微受损有关，而发炎只会愈来愈严重。我只是认为这个例子会让我们有所启发，就像被摆在放大镜下，我们的缺点被放大成恐怖的样子。这些可怜的人既是问题也是答案，他们自导自演了一出惨剧。魔咒都有其效果，但你得明白它的效果为什么会出现。

21 个性

Des caractères

1923.12.4

> 医生总在病人身上找病；而较不为人知的是，病人会立即猜到这个对他不利的念头，并且接纳它作为自己的想法，让医生的假设瞬间变成最高妙的诊断。

每个人的脾气都会受到风向和胃肠消化的影响。有人表现在踹门上面，有人则丢出不比踹门这动作有更多实质意义的话语。伟大的灵魂对这些细枝末节毫不介怀，无论是别人还是他自己所造成的事情，他都既往不咎，因为他从没把这些事情往心底放。可是，普通人却把一时犯了的脾气看作常态或改不掉的事，让它变成自己的个性；只要某天和谁吵架，生气了，便从此对此人怀有芥蒂。在这件事情上，很少有人会想到要原谅自己，但这其实是愿意原谅别人的首要条件。相反地，不加节制的懊悔，相形之下往往是在扩大别人的过错。每个人的想法造就了他自己的脾气，而“我天生如此”这句话的意义远超过人们所以为的。

有人对香味过敏，这种被花丛或古龙水所挑起的脾气并非永久的。不过，有些人是自己去寻找、去嗅出那一丁点香气，并肯定自己为此头痛不已。任何事都可能有人讨厌，如同有人一闻到烟味就要咳嗽一样。每个国家都会有一两个暴君。失眠的人坚持他怎么样也无法入睡，而且认定最轻微的噪音也能把他弄醒，然后竖起耳朵倾听噪音，并指控全屋子里的人都不让他入睡。甚至就连好不容易睡着了，这也会令他生气，就好像他对自己的个性失去了坚持。人们可以迷恋任何事，我甚至见过有人专爱输牌。

有人以为自己什么都不记得，或者说话时，老找不到需要的字词。假戏是会真做的，把装模作样当真，有时会导致悲剧发生。谁也不否认这里头有事实上的疾病与年纪的影响，但医生也从很早以前就注意到人存在着一种系统化的偏执性格，它会迫使病人去追踪，且很轻易就能认出疾病的症兆。人有很大一部分的激情和许多疾病，尤其是精神上的疾病，都与这种夸张的行径有关。沙可（Charcot）[1] 因此不再听信病人的病情自述；而当医生充耳不闻时，确实有些疾病就会完全或近乎销声匿迹。

1 让－马丁·沙可（Jean-Martin Charcot，1825—1893），19 世纪法国神经学家，有“神经症领域的拿破仑”之称。他也是西格蒙德·弗洛伊德（Sigmund Freud）的老师。

弗洛伊德（Freud）[1]精巧的学说曾经风靡一时，而如今声势下滑的原因在于，要让一个惴惴难安的人听信别人要他相信的事情太过容易。诚如司汤达（Stendhal）[2]所说："他的想象力已与他为敌了。"更别提这是一个以性事建构而成的体系，它的重要性来自人们对这类事情的重视和一种无人不晓的原始诗意。众人皆知，医生总在病人身上找病；而较不为人知的是，病人会立即猜到这个对他不利的念头，并且接纳它作为自己的想法，让医生的假设瞬间变成最高妙的诊断。这便导致了传说中的那种神奇的失忆症，病人会系统性地遗忘某一类性质的相关记忆。但人们显然忘了病人也有系统化的性格。

1 西格蒙德·弗洛伊德（Sigmund Freud，1856—1939），奥地利精神分析学家。

2 马利－亨利·贝尔（Marie-Henri Beyle，1783—1842），笔名司汤达（Stendhal），19 世纪法国作家，著有《红与黑》（*Le rouge et le noir*）。

22 命中注定
La fatalité

1922.12.12

生活的艺术首先在于不要因为所做的决定或工作而对自己感到不满，无须纠结，而是应该把事情做好。

我们对“开始”这件事，一无所知，就算只是像伸长手臂这种小事。谁也不是先从给神经或肌肉下命令开始的，而是动作自己会执行。我们要做的就是跟随它，并且尽善尽美地完成它。所以，不做决定就不影响我们控制一切。就像一名安抚受惊马匹的车夫，首先需要一匹受惊的马；而驾驭马车出发也是这么回事，马一受到惊吓便开始疾逃，而车夫就是将它的惊跳导往车子该走的方向而已。同样地，一艘船如果没了动力，也无法遵循船舵的指挥。简言之，先走再说；边走边考虑上哪儿去也还来得及。

我想知道，是谁做了选择？谁也没做选择，因为我们起初都是孩子。谁也没做选择，但大家都先动了起来；因此人的志向取决于天性和环境。所以深思熟虑的人从没做过决定。最荒谬的莫过于学校教的分析，它让我们权衡动机和行动，还有一幅像语法图解的图，是关于赫拉克勒斯（Hercule）[1]如何在善恶之间做选择的。谁也没做选择，大家只顾着前进，而且所有的道路都是好的。我觉得生活的艺术首先在于不要因为所做的决定或工作而对自己感到不满，无须纠结，而是应该把事情做好。有些选择是现成的，而非我们决定的，我们就会倾向认为这是一种命中注定。可是，这些选择与我们无关，因为根本不存在厄运；所有的命运都是好的，只要我们往好处想它。没有什么比争辩自己的本性更加示弱的表现。谁也没得挑，而本性的丰富程度已足够实现最远大的抱负。欣然接受该做的事，这是伟大且崇高的志业。

“累啊，我以前干吗不用功读书呢？”这是懒人的借口，否则你现在开始用功吧。假使人们根本不再用功读书，那么，我不认为用功读过书有多了不起。仰赖过去和抱怨过去同样愚蠢。对于已经发生的事，就算再美好也会渐渐远去，即使再坏也不致无法挽救，我甚至认为好运比坏运更难延续。如果仙子曾在你的摇篮上挥过魔杖，那么你得加倍当心。米开朗琪罗（Michel-Ange）[2]的伟大之处在于他不自满于天分，而是满怀激情地想要完成更多，拿平顺的人生去兑换一生辛勤。这个永不妥协的人直到满头白发仍往学校里跑，他说自己还在学习。这让犹豫不决的人明白，下定

1 希腊神话里，半人半神的大力士。

2 米开朗琪罗（Michel-Ange，1475—1564）是文艺复兴时期杰出的雕塑家、建筑师、画家和诗人，他最负盛名的绘画作品是梵蒂冈西斯廷教堂的《创世记》和《最后的审判》。

决心从不嫌晚。倘若你说渡海的成败全都决定于最初下水的方向，这难道不会遭水手讪笑吗？然而，人们却让孩子信以为真，幸亏他们谁也没听进耳里去。但要是他们真养成这个形而上学的念头，以为他们一生的成败取决于幼时的字母学习，这种有害的观念不仅不能改变他们的童年，也无益于往后的生活，因为弱者的借口会产生弱者。“命中注定”就是美杜莎（Méduse）的头。[1]

1 美杜莎（Méduse）是希腊神话中的女妖，她的头发都是蛇，相传任何直视美杜莎双眼的人都会被变成石像。此处取此意涵，说明相信命中注定就是被美杜莎变成石像的人，再也没有改变的可能。此外，法国画家泰奥多尔·籍里柯（Théodore Géricault）受米开朗琪罗《最后的审判》的启发，以《美杜莎之筏》（取材自 1816 年的沉船事件）画出船上幸存者们的绝望灵魂，美杜莎亦由此象征绝望。

23 预知的灵魂

L'ame prophétique

1913.8.25

一旦人们放任自己，盲目跟从杂乱的印象，世界便会对我们关上门。

一个名不见经传的哲学家把某种等待的消极状态称为预知的灵魂，在那种状态下，我们的思想被世界的威力所摆布，如同白杨木随风飞舞的叶子。此时灵魂聆听着一切，惊慌失措于任何风吹草动。我因此领悟到西碧儿（Sibylle）[1]的状态，她的三脚鼎和她的痉挛。她对一切保持戒慎，也就是说，她什么都怕。我同情那些不知道该怎么对这个巨大世界里的动静变化保持视若无睹的人。

偶尔，艺术家想要回到这种眼观六路、耳听八方的状态，把一切颜色、声音、冷热变化尽收眼底。他惊讶于农人或水手是如此深刻地嵌进大自然的运作当中，并且仰赖自然而活，而自己却冷眼旁观自然界的瞬息变化。这里存在着一种很美的动作，那就是耸肩，它能卸下所有的重担。这是王者的姿态。圣克里斯托弗（Saint Christophe）[2]穿越河流时，无暇顾及脚下的波涛。他说：“想

---

1 希腊传说中的女预言家，她能在癫狂的状态中预知未来。

2 “克里斯托弗”意为背负基督者，在基督教的传说中，他曾背负耶稣所假扮的孩子过河。

太多的时候，会睡不着。”想太多的时候，也会什么都做不成。

应当清理、精简、扫除不必要的多虑。对我而言，人的秉性便是在熟睡中把杂念抛除。身体强健的一个指标就是避免胡思乱想，立即入睡，然后精神抖擞地起床，毫无困意。反过来说，预知的灵魂总是醒得不够彻底，反复重温着他的梦境。

没人说这般活着不可行。我们奇迹似的拥有预知的能力，只要稍加留意这个身体的特长，即使是最微小的信号也能被身体所捕捉并铭记在心。某种风声宣告了即将来临的暴风雨。能留意天象当然很好，但总不至于因为一点小变化就非得搞得人仰马翻不可。我看过一台大型自动记录式气压机，它的感应非常灵敏，只要附近有辆拖车或有人经过都会让它的指针跳动。倘若我们毫无节制地随周遭环境变化起舞，我们就会像那台气压机一样敏感，脾气跟着太阳转。然而，人作为这个星球的主人不该留意所有的事。

在一个社交场合里，一个害羞的人想要倾听、收集、解释所有的事。对他来说，所有的交谈都很蠢，乱无头绪得像是临时起意似的。而智者则像个擅修枝叶的好园丁，懂得剪裁他所接收到的信息。这么做对世界的帮助更大。因为对万事万物皆有感的我们，只会一再地停下步伐，眼前的地平线遂成一堵跨不过去的墙。与其如此，我们不如使事物回归其位。思想是对印象的清洗。

譬如垦荒。我认识一位多愁善感的夫人，她看见砍树或折枝便觉得心头难过。然而，倘若真少了伐木工，随之而来的就是一片荆棘、百蛇横行、沼泽热气引发高烧和饥荒。同样地，每个人也该把自己的脾气当成土地来开垦。怀疑精神的根本就在于拒绝顺应自己天生如此的脾气。这个世界是由刀子和斧头开辟出来的，而条条大路则要用思想来换取；这就像是跟预感作对。反之，一旦人们放任自己，盲目跟从杂乱的印象，世界便会对我们关上门，以兹表态。卡珊德拉（Cassandre）[1]预言了厄运。而萎靡不振的灵魂啊，你们应该怀疑她的预言，因为真正的人会振作起精神，并且开创未来。

1 希腊罗马神话中的特洛伊（Troy）公主，受阿波罗喜爱，因而成为他的祭司并被赐予预言能力。但因为抗拒阿波罗，因此受到他的诅咒，致使她的预言无人相信。

24 我们的未来
Notre avenir

1911.8.28 -

我们的激情和恶习也具备从各种方面把我们导向宿命的能力。

人们只要不甚明白事物间的关系和它们的前因后果，就会对未来感到沮丧。巫师的一句话或者一个梦就能摧毁我们的希望。预感无所不在，这是神学的理论。关于那位诗人的寓言，大家都耳熟能详。他被预言将会被倒塌的房子给压死。于是，他改住在野地里。然而，众神并没有就此放过他，某天一只鹰误以为他的秃脑袋是颗石头，朝他的头顶丢下一只乌龟，而把他给砸死了。[1]另一个故事则提到一名王子，依照神谕，他会被狮子杀死。于是，他被保护在妇女们的住所里。然而某天，他对着墙上绣有狮子的挂毯大发脾气，他挥了一拳，却不慎打在一根生锈的钉子上，最后因为伤口感染而死。

这些故事都在宣扬宿命论，神学家继而将它们发展为学说，

1 古罗马学者盖乌斯·普林尼·塞孔都斯［Gaius Plinius Secundus，简称老普林尼（Pliny the Elder）］在他的作品《博物志》（*Naturalis Historia*）第十卷第三章中提到，古希腊悲剧诗人埃斯库罗斯（Aeschylus）被遨游天际的鹰所抛下来的一只乌龟给砸死。

认为无论人怎么做，他的命运都早已注定。这些毫无科学根据，命定论者等于在说："无论原因为何，结果都是一样的。"但是，我们很清楚不同的原因会导致不同的结果。以下的推论可以帮助我们破除这个劫数难逃的未来的阴影。假设我知道自己会在某天、某个时刻被某一堵墙给压死，这个认知就会刚好使这个预告失效。而我们一直以来就是这样生活的，我们总是活在洞烛先机之中，并且小心地避开不幸的事情。因此我们合情合理的先见之明，便通常不会发生。如果我停在马路中间，就会被这辆车给压死；这么一来，我就不会在马路中间逗留。

宿命的想法是怎么产生的呢？有两个主要原因。首先，恐惧会让我们陷入自己制造的不幸事件当中。假使我被告知会被一辆车子给压死，而我刚好在车子向我驶来之际想到这件事，我可能就无法采取因应措施。因为当下对我有用的念头是自救，而我的身体会因此即刻有所反应；相反地，出于同样的身体机制，如果当下我想到预言，想到自己会在此处被车压死，那么我的身体就会瘫痪得动弹不得。正是这种思想错乱的一阵眩晕，才使得巫师们的预言灵验。

再者，我们的激情和恶习也具备从各种方面把我们导向宿命的能力。向一个赌徒预告他将去赌博，向一个守财奴预告他将会有积蓄，向一个野心家预告他会往上爬。甚至不需要巫师，我们也可以预知自己的命运，只消说："我就是这样，我改不了。"这也是一种眩晕，也能使预告成真。假使能理解变化无所不在，各种细小的原因会造成各式各样的结果，那么，宿命也就无法成形。你可以读一读《吉尔·布拉斯》(*Gil Blas*)[1]，这是一本不说教的轻松小品，并且从中可以学到无须依赖好运或担心厄运，而是要懂得抛下包袱、见机行事。我们的错误死在我们的先见之明里，别把它们当成木乃伊一样地保存下来。

---

1 法国作家阿兰·勒内·勒萨日（Alain René Lesage）的流浪冒险小说。主人翁，吉尔·布拉斯是一位西班牙的年轻人，十七岁时逃学，并开始一次又一次的生活冒险。

25 预告
Prédictions

1908.4.14

我宁愿不去考虑未来，而只关注眼下发生的事。无论对谁来说，发生在他身上的那些重大的事情，都是他未曾预料也无法想见的。

我认识的一个人，他让占卜师帮他看手相，以便了解他的宿命。他跟我说，这只是算着玩的，他又不信算命。不过，假使他事前曾征询我的意见，我定会让他放弃去算命，因为这是个危险的游戏。当命还没有被算以前，要不相信它是很容易的事情。此时还没有什么可相信的，当然可能谁都不会去相信。开头的时候存疑，这并不困难，可是要保持怀疑会愈来愈困难。占卜师很清楚这一点，于是说："如果你不相信，那你有什么好怕的？"这便是他所设下的陷阱。如果是我的话，我害怕自己会相信。谁知道占卜师会对我说什么？

我料想占卜师是认真的。如果他只是想取乐，他就会语焉不详地说些平常就可以预见的事情，像是"你可能会遭遇一些麻烦及小挫折，但是你终究会成功""有人跟你作对，但真相终究会水落石出，而你会有一些真诚的朋友在身边安慰你，陪你渡过难关""你近日会收到一封信，信上提到的正好是你最近的烦忧"。类似的话可以无限延长，因为这些话完全无关痛痒。

然而，假使占卜师认为自己真能看见未来，那么，他就会向你宣告一些恐怖的灾厄。当你状态很好的时候，你会一笑置之。但这些话不会消失，而是会存留在记忆之中，它们会出其不意地闯进你的胡思乱想或梦里，让你稍感不安，直到某天出现了某些与预言相吻合的事件，让你再无法付之一哂。

我认识一个年轻的女孩，占卜师看完她的手相之后对她说："你会结婚，生一个小孩，然后某天你会失去他。"当人才刚处在展开生活的起点时，这样的预告算不了什么。然而，随着时间过去，女孩结婚了。她不久前生了个孩子，此时，那个预告开始显得沉重。如果刚好孩子病了，这些不祥的话语就会像钟声一样，萦绕在母亲的耳边挥之不去。也许她过去曾经取笑过这个占卜师。那么，现在轮到占卜师反击了。

世上无奇不有，再坚定的人都可能碰上能让他动摇的事。你笑话一个不可思议、不吉利的预告；但如果这个预告有某部分灵验的话，你就笑不出来了。再勇敢的人，遇上这等事，也只能屏息静待后续。谁都知道，恐惧灾祸降临的折磨不亚于灾祸本身。你也有可能遇上两个素不相识的预言家，他们都对你宣告了相同的事情。假使这样的巧合仍不会动摇你的心志，那么，我钦佩你。

我想，我宁愿不去考虑未来，而只关注眼下发生的事。我不仅不会让占卜师看手相，也不会尝试观天象以测度未来。因为即便我们再聪明，我也不认为我们的眼光能看得多远。我发现，无论对谁来说，发生在他身上的那些重大的事情，都是他未曾预料也无法想见的。当人们节制了自己过盛的好奇心之后，无疑地，也该试着不要过度地谨慎。

26 赫拉克勒斯 Hercule

1922.11.7 -

充满元气的人总是乐于面对差异和变动，因为唯独在力量当中，才会有宁静可寻。

人类只能从他的意志里汲取力量。这个观念和宗教、奇迹、不幸一样久远。相反地，只要意志受挫，汲取力量的念头也就自然跟着消退了，因为灵魂的力量由结局来判定。赫拉克勒斯直到沦为奴隶之前，都在以他的肉身亲自验证这个道理。他宁愿壮烈牺牲，也不要苟且生活。[1] 这个神话极美，但愿这样的事迹能传颂于孩童之间，以便让他们学会如何战胜外在的力量。因为这才是真正的活着，而还有另外一种活着，那是懦夫的方式，虽生犹死。

我欣赏的一个男孩，他在奋斗时懂得反省。如果他做了错误的决定，他首先会承认："这是我的错。"他寻找自己出错的地方，起劲地捶胸顿足一番。而那种徒具人形的木偶会是怎样呢？他只会找借口、怪罪别人，却从中得不到任何乐趣。因为他很清楚那些人、事与他的

1 根据希腊神话，赫拉克勒斯因为中了诅咒而误杀了自己的好友，他因此自愿成为奴隶。后来，他因为奸人的陷害而中毒，他遂决意自焚而亡，并在死后返回神界。赫拉克勒斯的勇敢之处在于，他从不畏惧犯错、认错，这使他能永远向着光明前行。

不幸无关。而他的思想就像严酷季节里的枯叶，飞蓬随风，惶恐难安。让我感到惊讶的是，那些向自己以外的地方找借口的人，从不因此感到满足，他们远不如那些能直截了当认错的人，他们说“我当初真蠢”，并从这个他们已经接纳、消化的错误经验里重拾力量，得到鼓舞。

有两种累积经验的方式，一种让人沉重得动弹不得，另一种则使人步履轻盈地走得更快。如同有愁眉苦脸的猎人和兴高采烈的猎人一样。愁眉苦脸的猎人让兔子跑掉了，便说“这就是我运气的写照”，跟着又说“倒霉事全给我碰上了”。同样的状况，兴高采烈的猎人会赞赏兔子的狡狯，因为他很清楚，奔往锅子里被烹煮绝非兔子的工作。赞扬这种勇者智慧的谚语很多，而我祖母常说的，烤好的云雀不会从天而降，这句话的意义就颇为深刻。就像要睡觉得先铺床一样。愚者说：“我真想懂得欣赏音乐。”那么，他该去学音乐，偏偏他又什么都不做。

一切都与我们作对。这话要说得更仔细些：天地不仁，以万物为刍狗。少了人的努力，大地只是遍布荆棘、瘴沼；这既与敌意无关，也与善意无关。只有人为的努力才是为人服务的。然而，希望会制造恐惧，这就是为什么侥幸的胜利会是一个糟糕透顶的开始的原因。起初赞美神的人，会以诅咒神告终。就像新婚夫妇看承办婚礼的市长和教堂侍卫特别顺眼一样，因为他们没看见教堂执事是用什么样的表情吹熄蜡烛的。某天，我观察到一个香水铺店员对客人的微笑，她的微笑随着关上店门而消失。商人关店门的样子是很值得一看的。一旦外在的事物，甚至一个人，向我们表明了其运作的模式，让我们发觉自己并不受到任何特别的关照，我们便会回到自己运转的轨道上；但是，只要有人对我们稍施小惠，我们的判断就会失常，除了希冀别人的帮助以外，毫无作为。关上店门以后的人总是更加动人、可亲，因为在他们丰厚的存在里，蓄满了先见与体察。我注意到充满元气的人总是乐于面对差异和变动。因为唯独在力量当中，才会有宁静可寻。

27 意愿
Vouloir

1909.5.9 -

命运是变动的，一弹指就会创出一个新的世界，菲薄之力也会引发无尽的后果。

“叶子正在萌芽。不久后，就会出现金花虫（galéruque），那是一种绿色小肉虫，它会住在榆树的叶子上，把它们吃光光。这样一来，这棵树就会像人少了肺一样，无法呼吸。你会看见，为了防止窒息，这棵树会努力吐出新叶，再次撑过这个春天。不过，这份努力也会榨干它。你等着看好了，再过个一两年，这棵树就会再也长不出新叶而死去。”

当我和一个热爱树木的朋友在他的庭院里散步时，他如此抱怨道。他向我指出那些百年古树，并向我宣告它们不远的末日。我跟他说：“该跟它搏一搏。这种小毛虫根本不算什么。杀得了一只，就杀得了成千上百只。”

他说：“什么上千上百只？这里有几百万只虫。我连想都不敢想。”

我对他说：“可是你有钱，大可雇人抓虫。给十个工人十天的时间，就能杀掉一千多只虫。难道你会舍不得花几百法郎，去保住这些美丽的树？”

他回答说：“我的树太多，而工人却太少。况且，他们怎么够得着那些最高的树枝呢？这就得请专门的树木修剪工人过来。在我们这一带，像这样的专家只有两位。”

我说：“有两位已经不错了。他们就专门负责最高的部分。至于其他比较不在行的工人，可以攀着梯子帮忙。即使你无法救活所有的树，至少可以顾全两到三棵。”

他终于松口说：“我没那么有干劲。我知道我会怎么做。我会到别的地方待一阵子，免得目睹小肉虫侵吞我的整片树林。”

我回答道：“噢，这是想象在作祟。它让你未战先败。你别把眼界放到你双手以外的地方去。一旦考虑到事情的无比沉重和人类的脆弱，就什么也做不了。所以应该付诸行动，并想着该怎么行动就好。你瞧这位泥水匠，他不疾不徐地转动他的抹刀，石块只是挪了点位置。而房子会像这样逐步完工，有孩子们在石阶上蹦蹦跳跳着。我见过一名工人，相当钦佩。他拿着电钻要在一堵十五厘米厚的钢墙上钻孔。他边吹着口哨边工作，钢铁的粉屑像雪花般飘落。此人果断的态度让我深深着迷。而这已经是十年前的事情了。他肯定钻成了那个洞，还完成了其他的洞。虫子的事也给了这样一个教训。比起大榆树，小肉虫算得了什么？但是它们汇集在一起，不停地嚼，就能吃掉一整片森林。要对点滴之力有信心，效以虫法，还诸虫身。你有诸多优势，否则榆树林早就不见了。命运是变动的，一弹指就会创出一个新的世界。菲薄之力也会引发无尽的后果。种出这片榆树的人不曾因为个人生命的短暂而对种树却步。你该像他那样起身行动，别把眼界放到你的双脚之外，那么你就能拯救得了你的榆树了。”

28 人各有志
Chacun a cequ'ilveut

1924.9.21

光顾着往上爬，却不看看脚底踩的是什么，而让人会不慎坠落的地心引力时刻都在。谁没留意地心引力的无所不在，谁就准备吃大亏。

人各有志。年轻人不懂这套，他们光抱着愿望，等着不劳而获的天赐粮食吗哪（manne）[1]。然而，神赐的吗哪不会从天上掉下来。人们所想要的东西就像一座山，它不会跑，而就在原处等着。但人们得翻越山岭去把它取回来。我看着那些满怀信念的野心家纷纷踏出第一步，也看着他们取得胜利，他们成功的速度，甚至远比我所预料的还快上许多。他们绝不会推迟任何有用的门路，只要是他们觉得对自己有帮助的人，他们就会定期去拜访，至于那些讨喜却无用处的人，他们也会毫不犹豫地舍弃。总之，需要逢迎拍马时，他们绝不会草草了事。我并非在指责他们，因为人各有所好。只不过，倘若你胆敢对着能帮助你的贵人撂狠话，最好就别祈祷人家还会帮你一把；你幻想成功，就像人幻想成为鸟一样的痴人说梦。你总不能既要当部长，又不听人民请愿，也

1 "吗哪"（manne）指《圣经》里提到的古以色列人经过沙漠时所获得的天赐食物。

不设法解决请托吧。我认识不少懒惰者，他们总是说：“别人有事会找我的，用不着我动一根手指头。”事实是，他们想要不受人打扰，也因此谁都不会去搭理他们。所以，他们并不如他们所以为的那样不幸。愚蠢的人会突然在两天之内奔走十个门路，像老鹰猛扑向猎物一样。像这样缺乏良善准备的行径是不可能成功的。我见过一些颇具才能的人也会这般鲁莽行事，这就像想要徒手劈开保险箱一样。而等到这样做却失败之后，又说社会不公，这么讲其实不甚公道。对于那些一无所求的人，社会没理由给他们任何东西。我指的是坚持不懈地追求，而能够如此坚持就已经很不错了，因为知识和能力并不能解决一切事情。有些懂政治的人，他们冷眼旁观政局发展，只因为他们不想政治的卑劣手段弄脏他们的手。所有的职业都有它令人不喜欢的一面。如果他们不喜欢这个职业，那么他们的满腹学识又有什么作用呢？巴雷斯

(Barrès)[1] 接见访客、批改公文，并从这些行为中牢牢记住他所许下的承诺。我不知道他是否是个天生的大政治家，不过，他肯定热爱这一行。

我这等于在说那些想发财的人都会成功。这话肯定叫那些徒有发财梦的穷光蛋听了刺耳。他们望着大山却不行动，偏偏大山等着他们靠近。金钱就跟全世界所有的好处一样，得先对它死心踏地，才可能得到它。很多人觉得自己仅仅是出于需要花钱才去赚钱。可是，钱会躲开那些只是出于需要才找上门来的人。真正会发财的人想从任何事情上捞一笔。而那些对开店抱持美丽幻想的人，希望与顾客相处如朋友，能随心所欲地经营，无须锱铢必较，甚至可以削价相售的人，他们必然血本无归。想要有钱的人，必须不讲情面，必须狠下心肠；就像古代的骑士一样，他得经得起考

1　莫里斯·巴雷斯（Maurice Barrès），法国作家、政治家。

验。成天攒下蝇头微利来累积财富的速度不会比熔合汞和黄金更快。然而，没定性的人注定什么都得不到。光想花钱的人是赚不到钱的。这很公道，因为他想的本来就是怎么花钱，而非如何赚钱。我认识一个出于兴趣，也是基于某种健康因素，而去经营农场的业余者。他只盼望能收支平衡，却连年亏损。最后，以破产收场。有一些老人，甚至乞丐也嗜钱如命，这算是一种癖好；然而，商人是用职业的方式来爱钱。想要赚钱，得讲究办法，这也就是说，要懂得积沙成塔，否则就会变成光顾着往上爬，却不看看脚底踩的是什么。并非所有的岩石都长得牢靠，然而，让人会不慎坠落的地心引力却时刻都在。崩塌是个很贴切的词，因为亏损总是紧紧尾随着商人，并随时准备拉他下马。谁没留意地心引力的无所不在，谁就准备吃大亏。

29 关于宿命
De la destinée

1923.10.3 -

> 金钱只会流向那些视之如命的人。你有本事就去帮我找一位一心想发财，却发不了财的人吧。我指的是真心甘愿，而希望并不是甘愿。

伏尔泰（Voltaire）[1]说："宿命牵引着我们，寻我们开心。"这句话出自这样一位拥有坚定信念的男人口中，令我倍感震撼。命运的外力总是强行闯入，一块石头、一颗炮弹当然也会让笛卡儿死于非命。这样的力量能瞬间把我们从地表通通铲除。然而，虽然外部的事件可以轻易地除掉一个人，却无法改变他。我向来钦佩那些朝着目标坚定不移地前进的人。他们化所有的阻力为前进的助力，如同狗把吃进肚子里的鸡转化成自己的肉和脂肪，人也如此消化掉他所碰上的事件。本性坚强的人会因为锲而不舍的意志，最终从种种变量里寻获自己所要前往的道路。强者所到之处，必留下痕迹。不过，凡人皆能如此。对人来说，外在的世界犹如衣服一样，会随着人的形体和姿态改变模样。要整理或弄乱桌子、办公室、房间、房子，全凭一双手来做决定。大事小事相继而来，

1 伏尔泰（Voltaire，1694—1778），原名弗朗索瓦 - 马利 · 阿鲁埃（François-Marie Arouet），法国启蒙时代思想家、作家。

我们根据一种外在的标准来决定它们的好坏，但是就像老鼠会钻出符合它身形的洞口一样，人按照自己的性格主导事态的好坏发展。你瞧清楚了，他做了自己想要的事。

“年轻人所想要的，全都在老人那里。”歌德（Goethe）[1] 在他的回忆录的一开头，就引用了这句谚语。歌德是说明强者的最佳代表性人物。他按照自己的专才塑造万物的面貌。确实，并非所有的人都像歌德，然而所有的人都能做自己。一般人所铸下的印记可能不美，但是他可以处处留痕。他所要的也许不是多了不得之物；但凡所要的，他总能拿到手。像这样的人，与歌德毫无半点相似之处，但他也从来不想成为歌德。斯宾诺莎是最能理解人的本性就像鳄鱼的厚皮般执拗不屈的人。他说，人无须像马一样完美。同样地，谁也用不着歌德的完美。可是，商人无处不营生，就算在

1　约翰·沃尔夫冈·冯·歌德（Johann Wolfgang von Goethe，1749—1832），德国诗人。

废墟上，他也照做买卖，如同放高利贷的人放贷，诗人吟诗，懒人睡觉。很多人会埋怨自己缺这个少那个的，但其实是他们不是真的想要那些东西。这位上校在还没当上将军以前就退役了，但倘若我仔细去调阅他的军职生涯，我必然会找到某件他该做却没做，而且根本不愿意去做的事情，来证明他其实不是真的想当上将军。

我见过不少有能力却居于下风的人。他们到底想要什么？直言不讳？他们确实如此。不逢迎拍马？他们确实没奉承过任何人。要能批判、能劝谏、能拒绝？他们也都办到了。他们两袖清风？反正他们不也总是瞧不起金钱？金钱只会流向那些视之如命的人。你有本事就去帮我找一位一心想发财，却发不了财的人吧。我指的是真心甘愿。希望并不是甘愿。诗人希望得到十万法郎，他却不知从何处下手，他没有为靠近这十万法郎付出过任何一点动作；因此，他当然半分钱都拿不到。不过，他倒是想写出好诗来，而他也成功了。本性自有动人处，如同鳄鱼长鳞甲，鸟儿长羽毛一样。

这种凭本能而闯出名堂也可以被称为宿命；不过，虽然这种武装、组织都如此完备的生命与那块意外打死皮洛士（Pyrrhus）[1] 的瓦片都可以被称为宿命，它们却毫不相似。这件事和一位智者曾同我说过的话有异曲同工之妙，他说，加尔文（Calvin）[2] 的宿命论与自由本身是相距不远的。

1 他是希腊伊庇鲁斯联盟（Epirus）的统领，希腊化时代最著名的将军和政治家。攻打阿尔戈斯城（Argos）的时候，他陷在一场巷战中，被一位老妇人以砖瓦砸晕，并意外被阿尔戈斯士兵所杀。

2 约翰·加尔文（Jean Calvin，1509—1564），法国神学家。他认为人是否得救取决于神的拣选，在这件事上，人的选择是毫无自主权的。

30 别绝望
Ne pas désespérer

1912.8.24

只要我还爱喝酒，我就无法想象戒酒是怎么一回事，因为我的行为已经是对戒酒的抗拒了。而一旦我不再喝酒，这个行为本身就足以使我远离喝醉。同样的道理也可以适用于忧愁、赌博等所有方面。

警察坚持要醉鬼发誓戒酒的这个行为，展现出行动的特质。理论家不以为然，在他看来，习惯和恶习都是根深蒂固、难以动摇的。他拿物质的法则套用在人身上，认为每个人都有他自己的行为模式，如同铁和硫黄各有特性一样。不过我倾向认为，人的善行或恶行往往不是出自人的本性，就像铁的本性并非被人拿来锻造或轧压，或者硫黄的本性并非用来研磨成火药粉一样。

拿酗酒者的例子来说，我认为警察的处理不无道理。因为喝酒是使用造成的需求，喝酒的人会愈喝愈觉得口渴，然后不知不觉喝过了头。可是最初喝酒的理由是很微不足道的，一个誓言就足以取消它；而只要从想法上有这个小小的努力，我们的醉鬼就再也滴酒不沾，仿佛他这二十年来所喝的，就只是开水而已。相反的情形也可能发生。从不喝酒的我，也能不费吹灰之力地变成酒鬼。我喜欢赌博，后来因为手头紧，就再也没想过赌博这件事；不过，倘若我又开始摸牌，我肯定又会喜欢上这玩意儿。我们一头栽入这种激情的需求里，认为不可自拔，而这更可能是一个判断上的错误。不喜欢奶酪的人，连尝都不想尝它，因为他认为自己绝不会喜欢奶酪的。单身的人往往会认为自己受不了婚姻生活。人遇上不幸的事，就会产生再也不可能交好运的信念，并从而拒绝改善自己的处境。我认为这是一种幻觉，而这种幻觉就来自人们无法判断自己所没有的东西。只要我还爱喝酒，就无法想象戒酒是怎么一回事，因为我的行为已对戒酒产生抗拒。而一旦我不再喝酒，这个行为本身便足以使我远离喝醉。同样的道理也可以适用于忧愁、赌博等所有方面。

搬家前夕，你与将要搬离的房子告别；你的家具都还没搬上路，你就已经爱上另一个住所了。旧居早已被抛诸脑后，跟着一切也会被淡忘。眼前的一切总有一股活力和新鲜感，而人们会通过具体的行动，来融入其中。所有的人都不知不觉地在这么过活着。习惯是一种偶像，它主宰的力量来自我们对它的顺从。这便是我们被思想摆布之处，我们无法做我们无法想象的事。想象主宰人类的世界，然而，这也使得它无法超出想象；或者应该这么说，想象不懂创造，因为创造是行动的事。

我的祖父，在他约莫七十岁的时候，突然觉得对固体食物食不下咽，并且以牛奶维持生命长达五年。有人说，他这是一种怪病，此话倒也不差。某天，在家庭聚餐的时候，我见他突然抓起鸡腿啃，而在这往后的六七年间，他的饮食习惯就又回归跟常人无异。开始吃鸡腿，这确实是奋力一搏的行为，但他要冲撞的对象是什么呢？他要冲撞的是意见，这或者该说，是他对意见所产生的意见，也可以说，是他对自己的意见。人们会认为这是祖父的特立独行。那倒未必。因为人皆可如此，只是大家都热衷于扮演自己的角色，而无暇注意这点。

31 在大草地上

Dans la grandeprairire

1909.6.5

在未来的生活中，人人都会根据自己的选择和自己定下的律条而受到惩罚。这便是我们无止境滑向的未来，届时，所有的人都得打开自己所选择的包裹。

柏拉图（Platon）[1] 讲过不少童话故事。简略地来看，他的童话故事跟其他所有的童话故事很类似。然而，某些像是不经意从他童话故事里丢出来的话语，却会回荡在我们心底，照亮那些不为人知的角落。像是厄尔（Er）的故事一样。他在一场战役中被误认为是已经死去的人，并被拖进地狱之中。后来经过调查，发现他原来阳寿未尽，于是又被送回人间，并且得以讲述他在地狱里的经历。

地狱里最可怕的考验是灵魂或者幽灵，这东西可以随意称呼。他们被带往一大片草地上，有许多个袋子被抛到他们面前，那些是可供挑选的命运的袋子。这些灵魂依旧带着他们生前的记忆，并且依照他们过去的欲望和悔恨，去选择新的命运的袋子。那些嗜钱如命的人选了来世不缺钱花的命运。那些生前拥有很多钱的

1 古希腊哲学家。

人选择了有更多钱的来世。那些享乐者选择了装满欢愉命运的袋子，野心家选择成为国王的命运。最后，所有的人都挑好了他们想要的袋子，把新的命运背上肩，喝下忘川水（Léthé），那是让人忘却一切记忆的水。然后，回到地表，带着他们重新挑选过的宿命，降生为人。

这是一种特殊的考验和古怪的惩罚，它的恐怖程度远超过它平铺直叙的表面故事。因为只有为数不多的人会去反省幸福与不幸的真实原因。那些人追根究底，发现专横的欲望使理智失效。于是，他们对财富怀有戒心，因为那会让他们乐于受奉承，而听不见不幸者的哀鸣。他们也慎防权力，因为那使他们失去公允，沦为权力的工具。他们也排拒享乐，因为那会蒙蔽智性之光。这些聪明人小心翼翼地检查着每一个看似美丽的袋子，处处戒慎恐惧以免丢失了平常心，他们不愿在璀璨的命运中，冒险丢失自己历经千辛万苦才获得的一点辨别好坏的能力。最后，他们一肩扛起别人不要的惨淡命运，背着走。

可是别人终其一生都在为追求他们的欲望而活，尽情享受他们所认为的好生活，眼界不超过饭碗，而这些人除了选择更多的盲目、无知、谎言与不公正以外，还选了什么呢？这就是他们对自己的惩罚，任何法官都不至于给出这般严厉的惩罚。现在，这个百万富翁可能正站在大草地上。他会怎么选呢？让我们暂且把隐喻丢到一旁，柏拉图总是比我们所以为的更贴近我们。我从没经历过死后重生，因此说我不相信这种事没有太多意义；因为我甚至不知从何思考起。我宁愿这么想，在未来的生活中，人人都会根据自己的选择和自己定下的律条而受到惩罚。这便是我们无止境滑向的未来，届时，所有的人都得打开自己所选择的包裹。当然，我们也总是不停地喝着忘川水，怨天怨命运。选择野心的人不认为他同时选择了下流的奉承、嫉妒和不公义，然而，这些都在同一个包裹里。

32 邻近所致的激情

Passions de voisinage

1910.12.27 -

> 面对一位不熟稔的人，人们展现着自己的优点；这样的努力使我们在自己或别人面前都行为合宜。人们对陌生人不会抱持任何期待；他所释出的些微善意都使人感到高兴。

有人说："跟最亲近的人最难相处。因为人们会彼此毫不收敛地大吐苦水、小题大做。对于亲近的人的举止、话语和看法，特别容易看不顺眼，也丝毫不遮掩个人的情绪，只要一点点小事就要发火；因为人们认定亲近的人对他们关心、包容与不计较。因为太熟悉了，所以无须维持好形象。这种每时每刻的真性情一点也不真实，它放大所有的事情。因此，在最团结的家庭里，也会出现始料未及的尖锐语调和激动的手势。礼貌和礼仪比我们所以为的更加有用。"

另一个人说："和不熟的人相处最困难。矿工在地底为矿主挖煤；裁缝铺里的师傅日夜赶工，让衣着入时的女顾客能在百货公司里挑拣货色。此时此刻就有一些清贫人家，为了赚取微薄的薪资而忙碌于拼接、黏着玩具，以供那些富豪人家的孩子取乐。无论是那些富裕的孩子、风雅的女士还是矿主都无感于此，然而，他们都会怜悯一只丧家之犬或者一匹精疲力竭的马。他们对用人很客气且友善，一见到他们的眼眶泛红或鼓着腮帮子就连声安慰。人们总是诚心宽宏地打赏，因为他们会看到侍者、送货员与马车夫收到赏金时，脸上泛出快乐的表情。同一个人，他可以付很多小费给搬运行李的脚夫，却会认为铁路职员依靠铁路公司所给付的薪水，就可以过得很好。大家都无时无刻不在伤害着自己所不认识的人，而社会是一台美妙的机器，它让好人在毫不知情的状态下变得残酷。”

第三个人说：“跟泛泛之交最容易相处。每个人的言行举止都不逾矩，因此也不容易发怒。脸上挂着亲切的神态，心里也就跟着舒坦起来。那些会让自己感到后悔的话语，根本不会想到要说。面对一个不熟稔的人，人们展现着自己的优点，这样的努力使我们在自己或别人面前都行为合宜。人们对陌生人不会抱持任何期待，所释出的些微善意都使人感到高兴。我注意到那些外国人总是受人喜爱，因为他们只会说些语中不带刺的客套话。因此有些人热爱国外生活。在外地，他们没机会显露凶恶的一面，因此他们格外喜欢这样的自己。除了对话以外，在人行道上，大家也会展现友好、相互礼让的一面，年长者、孩童，甚至是狗都可以畅行无阻！相反地，在马路上，车夫们相互叫嚣，因为他们受到乘客的催赶。而他们的乘客坐在车厢里，根本看不见其他的乘客。社会的和谐来自人与人之间直接关系的建立、利益上的彼此交会与面对面的互动，而非通过社会机构。社会是一部机器，像工会或行政部门也都是这类的机构。相反地，以小区为单位的组织，既不会过大，也不致太小，像这样以区域大小所组成的联邦，才是真正维系社会和谐的理想单位。”

33 家庭里
En famille

1907.7.12

人都会避开与他们不同的人，并处处寻找气味相投的人。这就是为什么各家有各家的规矩和生活习惯。

有两种人，一种惯于嘈杂，另一种习惯安静。我认识不少人，他们在工作或者睡觉的时候，只要周围发出一点点讲话声，或者椅子轻微地拖动，都会令他们发飙。我也知道另一种人，他们是绝对不去干涉别人的行为。他们宁可失去一个珍贵的点子或者少睡两小时，也不愿去禁止旁人交谈、嬉笑与唱歌。

这两种人都会避开与他们不同的人，并处处寻找气味相投的人。这就是为什么各家有各家的规矩和生活习惯。

有些家庭里的默契是，凡能使家里人不开心的事都不许做。一个讨厌花香，另一个讨厌噪音；一个需要在晚上保持安静，另一个喜欢早晨时很清静。这个不喜欢触及宗教议题，那个受不了别人谈政治。每个人都觉得别人有权“否决”（veto）[1]，也尊重这样的权利。一个人说“这些花会让我成天头痛”，另一个人说“晚上约莫

---

1 此词出自古罗马时期，保民官为保护民众权益，有“否决权”（veto）可以反对元老院所通过的立法或官员任命案。此外，这个权利也可以使用在反对执行官的某项裁决行动上。

十一点的时候，有人推门的声音大了点，害我整夜合不了眼”。吃饭时间搞得像议会，每个人都拼命抱怨。每个人都知道这些复杂的规矩，并把教会孩子们遵守这些规矩当作教育的首要任务。最后，大家都谨守本分，相望无语，或者说些不着边际的泛泛之言。这种做法只会带来一种死气沉沉的和平与毫无乐趣可言的幸福。总归一句，如同每个人都饱受他人打扰而不是打扰了别人，大家都自以为慷慨，而且时时遵照这样的信念：“不该只为自己而活，要处处替他人设想。”

当然也有另外一种家庭，家里每个成员的一时兴起都受到尊重和支持，谁也不去理会自己的快乐是否建筑在别人的痛苦之上。不过，我们完全不考虑这些人，他们就是自私鬼而已。

34 关心 Sollicitude

1907.5.30

所谓道德，就是千万别跟人说他脸色差。

众所周知这个著名的场景，就是所有的人轮番对巴西尔（Basile）说，“你脸色苍白得厉害”，最后，他相信自己生病了。每每当我置身在一个亲密无间的家庭中，那里的每个人都关心着其他人的身体状况，就会让我想起那出戏。谁的脸色要是有点白或者有点红，他就该糟了；全家人都会开始忧心忡忡地追问他：“你睡好了吗？”“你昨天吃了什么？”“你工作过度了。”或者说些其他的安慰话语。接着就开始细数哪些人生了什么病，“只因为他们没有及早注意与治疗”。

我同情生性有点怯懦和敏感的人，被家人以下面这种方式疼爱、宠溺、保护与照顾着。平常的小小不适，譬如腹泻、咳嗽、打喷嚏、打呵欠、神经痛，只要发生在他身上，都好像变成可怕疾病的征兆，有关他疾病的任何进展，都在整个家庭密切的监控下。即使医生完全不觉得这有什么大不了的，你也很清楚，他绝不会劳心谆谆地要他们不要过度担心。

只要心里忧虑，就会开始失眠。我们这位想象的病人开始彻夜倾听自己的呼吸，以便白天可以转述他夜晚的状况。要不了多久，他就会被验出病来，且尽人皆知；原本已经了无生气的话题会因为聊起他的病况，而恢复生机。这个倒霉鬼的健康情形就像证券交易所里一只有行情的股票，一下子涨，一下子跌，而他对自己的状况也或多或少有些理解。总之，他变成一个精神衰弱的人。

该怎么治疗才好呢？远离他的家庭，搬到陌生的圈子里生活。他们会有口无心地问候："身体好吗？"只要你一认真相待，他们便一溜烟地走远了。他们不会听你的抱怨，也不会用让你牵肠挂肚的关心的眼神看你。在这样的应对下，假使你没有瞬间感到失落，那么，你就痊愈了。所谓道德，就是千万别跟人说他脸色差。

35 家的和睦

La paix du ménage

1913.10.14

一个动作能排开另一个动作，如果你友善地伸出手，你就无法同时揍人一拳，所有的情感都是这样的。

我又要提到儒勒·列那尔（Jules Renard）[1] 所写的那本恐怖的书《胡萝卜须》（*Poil de Carotte*）。这本书里描写亲人之间的毫无宽待，有一点说得很对，那就是事情坏的那一面，其实不难察觉；人们习惯表露激情[2]，却羞于表达友情。愈是亲密的人之间，就愈是如此。不懂这番道理的人，肯定没好日子可过。

在家庭里，尤其是在最坦诚以待的家人之间，没人会矜持，也没人用得着戴面具。因此，孩子应当认为母亲不需要证明她是个好妈妈，否则，这便是个可恶透顶的坏小孩。好孩子不该对母亲偶尔的失控有所质疑，那通常是他自找的。礼貌是用来应付陌生人的，而好或坏脾气，则是留给心爱的人的。

有一种相爱的表现，是天真地把对方当作出气筒。智者把这当作信任和自在的证明。小说家则经常描述妻子突如其来的礼貌、

---

1 皮耶尔－儒勒·列那尔（Pierre-Jules Renard，1864—1910），法国作家。

2 指发怒的激动情绪。

体贴，来作为她对丈夫不忠的第一个表征。不过，这并非工于心计的意思，而是妻子在丈夫面前不再如此自在的缘故。“我被打得心甘情愿”，舞台剧常用的这句话，是把内心真实的情感放大到近乎荒谬的地步。打、骂、诬赖，这是人冲动的直接反应。毫无节制的信赖则会导致一个家庭的覆灭，我指的是，家会变成一个令人讨厌的场所，因为每个人都气冲冲地互戗。这个结局是可以预见的；成天亲密无间地相处，每个人的火气都会相互传染，于是一点点小激情，也会被无数倍地放大。要描述这些坏脾气很容易，只是如果肯解释坏脾气的缘由，也就可以避免这个问题了。

面对一个亲近的人，如果他老是喋喋不休地抱怨或爱生气，大家会很天真地说：“他的个性就是如此。”不过，我不相信个性这种东西。因为事实证明，长期受到压抑的东西会逐渐失去它的强度，最终可以被省略无视。在国王面前，朝臣并非在掩饰他的坏脾气，而是这个坏脾气被比它更强大的动机，也就是取悦国王的动机所化解了。一个动作能排开另一个动作。如果你友善地伸出手，就无法同时揍人一拳。所有的情感都是如此，它们被激化的程度端看你采取行动或压抑的举止。满腔怒意的夫人会因为有客人在场而收敛起自己的火气，我不会说："真伪善！"而是说："这个降火气的方法真有效！"

家庭伦常与法治一样，它不会自动产生，而是需要意愿去建立与维护。谁能够懂得冲动之下直接反应的危险，谁就能克制住自己的举止，并且保护好他所珍惜的情感。这就是为什么婚姻需要有心维系才能历久不衰。由此可见，有意地心存善念，有助于平息风暴。誓言的妙用正是在此。

36 关于私生活
De la vie privée

1913.9.10

就算幸福像水果，人们也需要帮助它好好地成长。

应该是拉布吕耶尔（La Bruyère）[1]曾说过，有好的婚姻，却没有完美的婚姻。我们的人性必须从假道学家所设下的困局里逃脱。对他们而言，幸福就像水果一样，等待品尝与评判。但我认为，就算幸福像水果，也需要帮助它好好地成长。这个道理放在婚姻乃至所有人与人之间的交往上尤为适切；这些事情不是生来被品尝或忍受的，而是该去栽培。树荫会因为天气的缘故，使底下乘凉的人感到舒适与否，可是社会不是树荫，正好相反，它是奇迹会发生的地方，因为巫师可以在社会上呼风唤雨。

人人都会为自己的生意与事业竭尽全力。然而，谁也不会努力在家里制造欢乐。我已经多次提到礼貌，而它仍有说不尽的好处。我从不认为礼貌是一种谎言，仅适用在陌生人身上；我反而认为，愈是真挚与珍贵的情感，也就愈缺少不了礼貌。当商人叫

---

1 让·德·拉布吕邪尔（Jean de La Bruyère，1645—1696），法国哲学家、作家，著有《品格论》（*Les Caractèresou les Moeurs de ce siècle*）。

人“滚远点”，他认为自己真心这么想，然而这只是激情的陷阱。日常生活里所初步触及的表象往往是有误的。我睁开惺忪睡眼所直接望见的景象都是不切实的。而我所必须做的就是判断、评估，并且把事物逐一放回到它和我之间恰当的距离上。不管我们第一眼看到的是什么，那总是梦的一个碎片，而这些零散的梦不过是毫无判断力的短暂清醒而已。既然如此，我又如何去相信自己在这些初步、粗浅的情感下所做的判断呢？

黑格尔（Hegel）[1]说，原初的灵魂，或自然的灵魂，总是被郁悒包覆，如同满负重担。这是个很深刻的思想。当反思无法使人振作时，这就是一步错棋。质问自己通常无法得到满意的回答。思想反求诸己的时候，只会引发烦闷、忧愁、焦虑、急躁等感觉。你若不信，可以尝试看看。光是问自己“我该读什么书来打发时间才好”，你便已呵欠连连了。应该直接找书看就好。倘若不把愿望化作意志，它很快就会消退的。这些说法尤其适合拿来打脸心理学家。他们要求每个人兴致高昂地把自己的思想当作草木或贝壳般的对象来研究，可是，思考涉及的是意志的问题。

在公共场所，例如工厂、生意场所等，每个人都随时保持神清气爽与自制，不过同样的情形却没有发生在私生活中。大家都耽溺在自己的感情里。他们睡得很香，然而整个家庭却处于半梦

---

1 格奥尔格·威廉·弗里德里希·黑格尔（Georg Wilhelm Friedrich Hegel，1770—1831），德国哲学家。

半醒之间，每件事都可能使之一触即发。在这种氛围下，最友善的人也往往不得不采取一种过度虚伪的态度。值得一提的是，人们似乎用意志力去拼命压抑某些情感，其实我们更应该做的是像体操选手做动作一样，借用意志力去尽力转化那些情感。把坏脾气、忧愁、烦闷当作像刮风、下雨一样的既定事实，其实只是一种错误的、最粗浅的想法。简单来说，真正的礼貌会把人的感受蕴含其中。人们理应保持尊重、朴实和公正的态度。下面这个例子很值得省思。克制一时冲动的激情去使正义得以伸张，这绝非诈骗，而是毫无伪善的正直本身。那么，为什么不同样克制冲动地回到爱情上呢？爱情不是天生的，欲望也不会永恒存在，可是，真实的情感可以经营。打牌的时候，人们不会因为一时的急躁或无聊而乱出牌；谁也不会一时性起地在琴键上乱按一通。音乐可能是所有例证里最好的一种，因为它就是意志力的展现。即使是唱歌，也需要先有意愿去唱，而后才能从歌唱中感受到天赋神赐，如同神学家有时描述的那样，纵使他们其实并不清楚自己在说什么。

37 伴侣
Le couple

1912.12.14

脾气就只是冲动而已，一旦它无处可发作，我们也就感觉不到这个冲动，而它也就不存在了。

从罗曼·罗兰（Romain Rolland）[1]的经典作品中会发现，出于自然的原因，世上少有美满的家庭。顺着这个逻辑去考虑他笔下的人物，以及在现实生活中碰到的真人实例，就会发现男女之间的差异特质，往往会使他们不知所以、莫名其妙地相互敌对。女生很情绪化，男生很好动；这个区别经常被提及，却很少被解释。

情绪化和多情并非同一回事。情绪化指的是思想与生命根源之间有比正常情况更为紧密的联系；这个紧密的联系不分男女，从所有的病人身上都观察得到。然而，这个特质通常在女性身上比较明显，因为她们肩负怀孕、哺乳等与此相关的自然主导功能。这些自然所分配的工作使她们变得情绪化，这是出于生理状态的影响，不过从效果来看，却往往让人认为是胡思乱想、毫无逻辑与冥顽不灵。这其实一点都不矫揉造作，但这需要一种鲜少人有

1　罗曼·罗兰（Romain Rolland，1866—1944），法国作家。

的、深远的智慧，才能指出如此阴晴不定的性情的真正原因。而一旦了解真正的原因，便能改变我们的想法。就像我觉得累而提不起劲出门散步，我的疲累就会去找一个让我可以待在家里的理由。人们经常以为女性会因为羞于启齿而掩盖事情的真实原因，我认为这大部分是因为她们并不清楚真正的原因为何，只是放任、顺其自然地转而用灵魂的语言来表达身体所发生的事。恋爱中的人对于这种事情总是束手无策。

男人只能通过他的行动才能被理解。他生来就是为了打猎、建造、发明和试炼。只要脱离这些工作，他就会开始烦闷，而他从来不明白两者之间的关联。因此他总是想尽办法让自己处于行动之中，他通过意志来控制行动的强弱。他从政治活动或经营事业里获得生机。而这样的天性使然，也同样被女性当作是矫揉造作。从巴尔扎克（Balzac）[1]的《两个年轻新娘的回忆录》（*les Mémoires de deuxjeunesmariées*）和托尔斯泰（Tolstoï）[2]的《安娜·卡列尼娜》（*Anna Karénine*）都可以观察到这种两性危机的精辟分析。

我认为公共生活是治疗这种疾病的处方，有两个原因。首先，与家庭成员和朋友间的交往能在家庭里建立起礼貌的关系，这对掩藏所有一时冲动的情感是绝对必要的，因为我们平常能发泄情绪的机会已经太多了。是掩藏，你没理解错。脾气就只是冲动而

1　奥诺雷·巴尔扎克（Honoré Balzac，1799—1850），法国现实主义小说家。

2　列夫·尼古拉耶维奇·托尔斯泰（Lev Nikolaïevitch Tolstoï，1828—1910），俄国现实主义小说家。

已，一旦它无处可发作，我们也就感觉不到这个冲动，而它也就不存在了。所以相爱的时候，礼貌远比脾气来得真实。其次，政治生活使男人有事可忙，而不是为了向爱人献殷勤，以致强迫自己什么都不做地光守着对方。无所事事绝非男人的本性，这样一来，他也就难得会有好兴致。这就是为什么如果一个家庭太过与世隔绝，仅以爱情相互喂养，那总是令人担忧的。好比一艘空无一物的小舟航行在水面上，总会过轻、过晃而容易翻覆。反省的智慧对这件事没有多大的益处，唯有社交才能挽回情感。

38 烦闷 L'ennui

1909.1.29

只要一闲下来，人就会开始想起他所恐惧或后悔的某些事。思想算不上是一种绝对有益身心的活动。一般人常常只是钻牛角尖而已。

当一个男人没有什么东西可以建构或破坏时，他就会感到很不幸。而女人，我指的是那些忙于打扮与照料婴儿的妇女，绝对没办法明白为何男人喜欢去咖啡馆打牌。只与自己相处，只想着自己，对生活一点帮助都没有。

在歌德的杰作《威廉·迈斯特》(*Wilhelm Meister*)中，有个叫“放弃社”的组织，规定组织里的成员不能去想未来或者过去。若能被遵守的话，会是一个很好的守则。不过，要让守则能被遵循，就得让双手和双眼忙碌得停不下来。感知并且行动，这就是有效的处方。相反地，只要一闲下来，人就会开始想起他所恐惧或后悔的某些事。思想算不上是一种绝对有益身心的活动。一般人常常只是钻牛角尖而已。因此，伟大的让-雅克(Jean-Jacques)[1]写下这样的句子:“沉思的人类是堕落的动物。”

---

1 作者指的是让-雅克·卢梭(Jean-Jacques Rousseau，1712—1778)，法国启蒙时代思想家。

必须承担的任务使我们无法耽溺于沉思，这招通常有效。几乎人人都有份职业可忙，这样很好。但我们还欠缺一点小技艺，用它来打发工作之余的时间。我经常羡慕那些妇女，她们的手里随时都有缝补或刺绣的活要忙。她们的眼光总是尾随着最现实的事物，因此那些过去或未来的念头只会像闪电一样，在她们的脑海里一闪而逝。然而，在男人的聚会场合里，他们只是消磨时间、无所事事，就像被关进瓶子里的苍蝇一样，只能不停地嗡嗡作响。

我以为让正常人害怕失眠的唯一理由是，那时候的想象力会特别活跃，然而，却没有一个真正可以专注去想的具体对象。一个人十点上床，他想着睡神降临，却辗转反侧到半夜都还没睡着。同一个人，同样的时间，如果他在剧院里，肯定看戏看得浑然忘我。

这些反思让我们明白，富人为何用各式各样的事填满他们的生活。他们给自己非常紧凑的行程里塞入无数个任务与工作。他们每天要见十个人，从音乐厅赶往剧院。更热血的就安排打猎、打仗或探险。有些驾着车，迫不及待地奔赴每一个能把身体往飞机里塞的约会。他们随时都需要新的行动和新的感受。他们想要活在世界之中，而非与自己面面相觑。如同巨大的乳齿象嚼掉整个森林一样，他们用眼睛吃下整个世界。方法少的人就去打架，弄得一身伤；这些运动使他们回到眼前的现实事物当中，让他们感到很快活。战争可能是首先被拿来对抗烦闷的处方。这个说法可以解释：那些最能够接受战争的人，姑且不论他们是否乐意打仗，他们往往是战争里蒙受最大损失的人。害怕死亡是一种杞人忧天，而当真的有事发生的时候，无论是多么危险的遭遇，怕死的念头都会被一扫而空。战场无疑是人们最少想到死亡的几个场所之一。如此，便衍生出这样的悖论："生命愈充实，就愈不怕失去它。"

39 速度
Vitesse

1908.7.2

那些只要火车开得慢点就会不耐烦的旅客，他们在出发前或抵达后，会愿意花上十五分钟跟人解释，这趟列车比别的车快了十五分钟到达终点。

我看过西向列车的新式火车头，比起其他车的要来得更长、更高，造型也更流畅。它内在的机械构造精细得宛如手表里的零件，正式上路时几乎不发出噪音。车上的每一个设计都是有功用的，而且都为同一个目的服务；蒸汽半点不漏地将火力转变成动力送往活塞；我可以想见这个火车头灵活的启动、均匀的速度、不颠不簸，它拖着沉重的车厢，每分钟可以跑两公里。而庞大的煤水车足以说明它要消耗掉多少的燃料。

造出这样一个车头，要投注多少知识、多少张设计图、多少次试验、多少下锤打与锉磨。所有这些努力是为了什么？为了让从巴黎市到勒阿弗尔市[1]的旅途大概能缩短十五分钟。这些快乐的旅客拿这以极昂贵代价所省下的十五分钟来做什么呢？许多人把多出来的时间用来在月台上等候到点开车；其他人在咖啡馆里多待

1 勒阿弗尔市（Le Havre），法国北部海滨城市，因为处于塞纳 - 马恩省河河口，靠近英吉利海峡，故有“巴黎外港”之称。

上十五分钟，把报纸看得彻底到连启事栏也不放过。这么做的好处在哪？谁得到好处了呢？

怪的是，那些只要火车开得慢点就会不耐烦的旅客，他们在出发前或抵达后，会愿意花上十五分钟跟人解释，这趟列车比别的车快了十五分钟抵达终点。每个人每天浪费至少十五分钟来强调这种速度的意义，不然就是去打牌或者做白日梦。那么，同样的时间为什么不愿意在火车车厢里消磨呢？

没有比待在车厢里更舒坦的了，我指的是快车。它座位的舒适度远胜于任何沙发。从偌大的车窗往外望，可以欣赏沿途的河流、山峦起伏、小镇与城市；旅客的目光随路而行，看见公路上的车辆与河面上的船队；他可以把每个地区所展现的丰富样貌尽收眼底，既有小麦与黑麦田，也有甜菜田与糖厂，跟着是美丽的树林、大片的草地、成群的牛马与描绘地层剖面的绝壁。这像是一本你可以轻松翻阅的地理画册，并且会随着时间、季节逐步变化。今日看见山峦背面的乌云密布和载草车急忙赶路，他日则是割稻者在一片金黄中工作，空气在太阳底下颤动。还有什么景色能与此相提并论？

然而，旅客却埋首读报，努力让自己专注于报上那些劣质印制的版画，不时地掏出怀表来看时间、打呵欠、开开关关他的行李箱。甫到站，便忙着雇一辆街车，狂奔得像家中着火了似的。晚上，他的人已经出现在戏院里了；他欣赏着那些画在纸板上的树、假的庄稼、假的钟楼，聆听着假扮成庄稼汉的演员们高歌。然后，他会一边搓揉着被狭小包厢挤疼的膝盖，一边说："这些割稻者唱走调了；不过，布景还不差。"

40 赌博 Le jeu

1913.11.1

在规劝人去寻求安稳、有保障的平凡生活时，人们往往说得不够清楚，他们没提到，那样的生活需要很多的智慧才能够承受得起。

有人说："我同情那个独身却金钱无虞的人，他没有任何不安需要安抚，任何一点小病或上了年纪，就让他不舒坦，因为他满脑子只想着自己。一个家庭里的父亲总有烦不完的事，与还不完的债务，即便表面上看来如此，他也远比我上述的另一种人快活，因为他没空闲去忧虑自己的消化是不是有问题。"这就是一个可以欠上几笔小款的理由，或者能安慰负债者的理由。

在规劝人去寻求安稳、有保障的平凡生活时，人们往往说得不够清楚，他们没提到，那样的生活需要很多的智慧才能够承受得起。蔑视荣华富贵，从表面上看起来很容易；因为真正的困难在于，视荣华富贵为无物的人，如何在毫无物欲、平淡无奇的生活里不会无聊至死。野心家总在追逐某件事，他认为自己会找到最稀有的幸福，然而使他幸福的真正原因在于保持忙碌。所以，即便某个挫折使他陷入不幸，他仍旧不改其乐，因为他会从打击中找到补救之道；而真正有效的补救就是去找补救的方法。需求应该像个帝国一样被摊开，让它见光并且优先考虑，这么做远比硬往肚里吞来得好。

好赌某种程度上算是实践了一种纯粹的、毫不遮掩的冒险需求。因为赌徒毫无安全感，而这也正是他沉迷此道的原因。真正的赌徒不热衷于那种可以仰赖注意力、细心与技巧来弥补坏运气的赌博，而是喜欢类似俄罗斯轮盘的那种赌博。因为在这种赌局里所需要的仅是等待和冒险，这才让赌徒无法自拔。就某种意义而言，像是在玩火，因为他随时都想着："如果我想的话，下一把可能会让我破产。"犹如进行一场非常危险的探险，唯一不同的是，只要放下赌博的执念，就可以毫发无损地回到家里。但也正是这种处于擦枪走火的危机边缘，才使得赌博如此吸引人；因为这完全是自愿的，人们自己想去涉险。而这种掌控的力量使人愉快。

无疑地，战争也具备赌博的某种成分，烦躁的人就会想发动战争。证据就是，最无事可忙、无牵挂的人最好战。如果人们很清楚这些缘故，就不容易被那些漂亮的口号给蒙蔽。游手好闲的富人貌似理直气壮地说：“我的生活过得安逸。倘若我拿血肉之躯去求险，如果我尽全力制造这些恐怖的危难，那么，这必然是出于一个不得已的理由或一个不容逃避的必须性。”当然不是。他只是穷极无聊而已。而如果他必须从早到晚地工作，他就不至于这样闲得发慌。因此，贫富不均最大的坏处就在于使很多人吃饱了没事干；然后，这些人便开始滋生恐惧或令人发火的事端，以供他们忙活。这些奢侈的情感于是成为穷人背上最沉重的负担。

41 希望 Espérance

1921.10.3

就算物质生活开始无虞，幸福也不会因此唾手可得。当一个人不再需要为自己担忧，烦闷就会开始作祟，等着控制他了。

一场火灾使我联想到保险。这位女神远不如幸运女神那样讨喜。她让人害怕，人们只用寒酸的供品敷衍她。然而这是可以理解的，因为保险的好处总是伴随着一种厄运出现。最大的好处当然是家里没着火，可是这种好处便是日常生活，人们对此毫无感觉，就像人不会特别感觉到自己的四肢一样。付保险费去购买这种消极的幸福，感觉有点像是白花钱。大企业总是爽快地缴保险费，像支付任何款项一样毫无犹豫；不过，我也很同情这些大老板，他们其实搞不清楚自己这样每天是赚还是赔。想必他们开公司的真正趣味，主要是能对雇员指手画脚吧。

那些有宏愿却没钱的人不会喜欢保险。一个预防破产而保险的商人能成什么样子？这其实很简单，只要商人能把自己赚超过正常营业额的钱都缴出来充公，如此一来，从总体经济来看，每家连锁店铺都算有盈利。合伙的商人就像公务员一样，享有退休金和固定薪资的保障；只要他们愿意，也可以有医疗、手术、照护等公费保障，用公费支付蜜月旅行与休假旅行。这么做十分明智，从理论的层面来看，也很吸引人。不过可别忘了，就算物质生活开始无虞，幸福也不会因此唾手可得。当一个人不再需要为自己担忧，烦闷就会开始作祟，等着控制他了。

彩票女神，或古人所谓盲目的幸运女神，却相当受人欢迎。因为一夕致富的可能引发无穷大的希望，相形之下，不中彩票的损失便显得微不足道。人们觉得保险公司像是挑明了说："进门者，请抛弃一切希望。"可是每个怀抱希望的商人都想好好地大干一票。经营事业不仅是出于一种野心，而野心说白了就是虚荣而已，一种不知倦怠的开创力。这股力量带起所有的行动，也为所有的工作带来光亮与欢愉。顶着牛奶罐在头上的佩雷特（Perrette）没想着休息，而是工作。牛犊、母牛、猪、雏鸡都等着她去照顾。[1] 每个人都在日常工作里找到一些

1　作者指的是拉封丹（Jean de La Fontaine）的寓言诗：《卖牛奶的女人和牛奶罐》。佩雷特头顶着牛奶罐去市集卖牛奶，沿途想着要用卖牛奶的钱换得鸡蛋，接着孵小鸡，再养鸡去换猪，并用猪去换母牛与小牛。

他愿意投入的新工作。在杂草丛生的荆棘地上，是靠着希望才打破藩篱，并使我们想见井然有序的菜畦与花圃。而保险却使得人故步自封。

好赌也有可钦佩之处。这样的人是在挑战一种纯粹的风险，而且这样的风险是他自找的、自己发明的。有一种免费保险可以对抗这种赌博的危险，那就是不赌。然而，只要有点空闲，几乎人人都会去打牌或掷骰子，希望和恐惧就像分不开的孪生姊妹般让人喜爱。可能用好运赢钱远比用技巧赢钱更值得骄傲。“祝贺”一词正是此意，人们只会祝贺别人的成功，而不会祝贺他的努力。古人认为好运气来自神的赏赐，现在的人摆脱了信仰，却仍相信运气。假使人不是生来如此，公平主义者的正义老早就一统世界，因为没人会阻拦。不过，人根本不爱毫无阻碍。恺撒（César）[1]正因为人们的野心才获得统治权，这就是我们戴上王冠的希望。

1 尤利乌斯·恺撒（Jules César，前 100—前 44），罗马共和国的军事统帅。

42 采取行动
Agir

1911.4.3

众人皆知，比起坐以待毙，士兵更擅于邀战，人宁愿接受自己一手促成的命运，也不愿命运被时间所决定。

赛跑的选手很辛苦，球类的运动员很辛苦，拳击手很辛苦。书上都说人追求享乐，可是看起来不像；还不如说，人自找苦吃，乐于吃苦。第欧根尼（Diogène）[1]说："辛劳为天下最美之事。"有人把这解释为苦中作乐，不过，这只是换句话说而已。正确来说，辛劳是为找到幸福而非享乐。享乐与幸福是两件非常不同的事情，就像奴隶与自由的区别。

人宁愿采取行动，也不愿默默承受。那些吃苦的人绝不会喜欢被强塞的工作；谁都不喜欢被强迫的工作，不喜欢意料外的倒霉差事，不喜欢必须做什么的感觉。但是，我不会不喜欢自己选择的辛苦。我写作这些观点，靠摇笔杆为生的作家们会说"真是个劳力活"，可是没人强迫我，这种自愿的工作就像是在享受；或者，更正确地说，这是一种幸福。拳击手不会喜欢无端挨揍，但他喜

1　第欧根尼（Diogène，约前 404—约前 323），古希腊哲学家，为强调清心寡欲的犬儒学派代表。

欢练拳时的互击。只要战斗的成败操在我们自己手上，那么，没什么比经历辛苦后所获得的胜利更加令人痛快的。说白了，人们只爱力量。赫拉克勒斯寻找怪物，并将它们逐一打败，他通过这种方式证明了自己的力量。可是只要他一陷入爱情，他就会感觉到享乐的力量使他为奴。其实所有的人都是这样的，这便是为什么享乐最终使人变得忧愁。

小气鬼吝于种种享乐，但是他征服了享乐的欲望又积蓄了力量，这为他带来强烈的幸福感，而这是他自我要求的结果。那些因为继承而致富的人如果也很吝啬的话，那么，他就是一个忧愁的小气鬼。所有的幸福本质都富含诗意，而诗意指的就是行动。谁也不爱自己送上门来的幸福，而想要制造幸福。儿童根本不在乎我们的花园，用几抔沙、几根花茎，他要自己建造一个美丽的花园。一个不自己动手的收藏家，你想会是什么样子？

我十分笃定地认为，战争使人感到愉快的地方在于人们可以控制战局。人一旦武装起来，就好像取得了某种显眼的自由；此时，就算是参谋长也未必能强迫士兵去打仗。然而，士兵们马上会觉察到他们新得到的自由，他们尝到了甜头，并走入了一种新的生活。正常人都会害怕死亡，久而久之，他开始等死、受死。但是一个朝死亡迎面走去的人，或者某种程度上可以说，他是关起门来找死亡单挑的人，他会觉得自己比死亡还要强大。众人皆知，比起坐以待毙，士兵更擅于邀战，人宁愿接受自己一手促成的命运，也不愿命运被时间所决定。因此，从战争里所诞生的诗意使人们甚至不恨自己的敌人。这种对自由的陶醉足以用来解释战争与所有的激情。瘟疫的流传是被迫的，而战争就像游戏一样，是自己发明的。这就是为什么光靠谨慎似乎难以维持和平，人们爱好正义，才会甘于和平。而这是因为正义很难做到，它的困难远胜过造桥或修筑隧道，正因如此，也唯独如此，和平才会存在。

43 行动者
Hommesd’action

1910.2.21

人们常好奇小偷或歹徒的内心景象；我猜他们什么都没想，因为他们总忙着跟踪或睡觉。他们全副精力都摆在警戒周遭上头，这也是为什么他们从未想过惩罚或其他的问题。

依我来看，警察局长是天底下最快活的人。何以见得呢？他总是在行动，总是在应付新的、未能预期的情况，一下子灭火、一下子防洪，有时是泥石流，有时是房屋倒塌，还有泥沙淤积、大气污染、疾病、贫穷，通通都归他管；他经常要抑制群情激愤，偶尔是防范狂欢失控。就这样，这个快活的人生命里的每一刻，都在面临着一个具体的问题，并且采取一个具体的行动来响应。因此，他不需要思考标准程序，不需要照本宣科，不需要准备谴责或安抚的官方报告；他把这些都留给官僚。他只负责见机行事。而一旦打开知觉与行动这两个开关，人心就像根轻飘飘的羽毛，随生命之河载沉载浮。

游戏的秘密正在于此。玩桥牌时，人的生命从知觉流向行动。这在踢足球时尤其明显。随着一个新的、未预期的信息，迅速地组织出一个行动，然后即刻执行，这造就了一个充实的生活。人生如此，夫复何求？又还有什么好担忧的呢？时间耗尽了遗憾。

人们常好奇小偷或歹徒的内心景象；我猜他们什么都没想，因为他们总忙着跟踪或睡觉。他们全副精力都摆在警戒周遭上头，这也是为什么他们从未想过惩罚或其他的问题。这台又聋又瞎的机器真的很可怕。然而，众人皆是如此，行动泯灭良知。这种不假思索的暴力就像樵夫砍柴的情况一样；这种暴力在政治家的手段中相对较为隐晦，但在政治运作的后果里却往往清晰可见。就像人们通常比较能够接受一个冷酷无情、像把斧头的人物，同时也会是一个严于律己的人那样，力量往往毫不怜悯，即使对象是自己也一样。

为什么会有战争呢？因为人类全心投入行动当中。他们的思想犹如轻轨上的灯，一旦车子发动，便跟着调暗光线；我指的是他们的反思能力。这就是行动的惊人力量。它证明自己的方式，就是按熄人们内心的灯。是行动化解了人的种种恶劣的激情，那些从反省当中滋生出来的，诸如抑郁、厌世、阴谋、伪善、仇恨、滥情与挑剔的恶习。可是，在行动的过程中，正义也会同时被它所消灭。警察局长应付暴动的方式，就像他对付水灾或火灾的方式一样，而闹事者也按熄了他心中的灯。他们的内心都如同一片漆黑的蛮荒地。这就是为什么存在着残虐的拷问官和逼供的法官。这就是为什么存在着被锁在长凳上、终日划桨直到筋疲力竭而死在座位上的苦役犯，以及鞭打他们的人。挥动鞭子的人，心里只想着鞭子。无论是哪种野蛮的形式，一旦形成了，就会持续下去。警察局长是天底下最快活的人，这句话并不意味着他是最有用的人。无所事事虽是所有恶习的温床，然而这同一张床，却也培育了所有的美德。

44 第欧根尼 Diogène

1922.11.30

一种职业让人热衷的程度，取决于人们能自己做主的比重；而让人厌烦的程度，则取决于人们必须受控制的多寡。

人的快活来自有意愿和发明。这件事从牌局就能看出端倪。每个人的脸上都清楚地写着思虑与决策的运作；马尼拉牌局（manille）[1]里造就了不少个恺撒，与许多随时准备决定是否要渡过卢比孔河（passages de Rubicon）[2]的选择。甚至就赌博的风险而言，赌徒也能全权决定自己是否要涉险；有时无论多冒险，他都决定下注，有时无论看似多有胜算，他却放弃赌局。他就是自己的主宰，一切操于己手。欲望和恐惧在日常琐事上，往往会左右人们的想法，然而在赌博这件事情上，却全然失效，给不出任何建议，因

1 一种以扑克牌中的十点为最大（王牌）的纸牌游戏。

2 卢比孔河（Rubicon）在古罗马时代是高卢与意大利的分界线。“渡过卢比孔河”（passages de Rubicon）意指“破釜沉舟”。典故出自恺撒与庞培（Gnaeus Pompeius）之间的大战。根据当时罗马共和国的法律，任何将领都不得私自带领军队跨越其所派驻的行省，进入意大利本土，否则就会被视为叛变。这条法律确保了罗马共和国不会遭到来自内部的攻击。公元前 49 年，恺撒违反了这条法律，率领他的高卢部众渡过卢比孔河进入意大利境内，和庞培展开大战，并获得最终的胜利。然而，此项举动无疑是宣告了他的叛国行径，因此“渡过卢比孔河”便被用来形容人痛下决心、破釜沉舟而无退路的境地。恺撒在此行之前曾经非常犹豫，而留下另一句名言：“骰子已经掷下。”（Alea iacta est）1897 年法国诗人马拉美（Stéphane Mallarmé）取此言之意，写出他最负盛名的作品之一《骰子一掷，未曾取消偶然》（*un coup de désjamaisn'abolira le hasard*）。而渡过卢比孔的决心、骰子、以恺撒为原型的扑克牌老 K，这些关于赌注的元素，都是阿兰在论述赌博时以恺撒为例之因。

为赌博的不可预测性。因此，赌博是傲慢的激情。那些按规矩赢钱的人不会明白打巴卡拉牌（baccara）[1]的乐趣，但如果他们去尝试，至少能短暂体会到对权力的陶醉。

一种职业让人热衷的程度，取决于人们能自己做主的比重；而让人厌烦的程度，则取决于人们必须受控制的多寡。轻轨司机不如公交车司机那么幸福。单独且自由的狩猎很痛快，因为猎人可以自行拟定计划，执行或改变计划。他既不需要向人汇报，也不需要说明情况。相形之下，在帮忙围捕猎物的助手面前，他杀死猎物所能得到的快乐就会减少许多；老练的枪手很享受自己能克制兴奋和惊吓的这种权力。因此，说人好逸恶劳，此言差矣。人对于平白无故得到的快乐不感兴趣，他喜欢自己争取快乐；他喜欢采取行动和征服胜过一切，而不乐于什么都不做或默默忍受；比起无须动手的快乐，他宁愿选择劳其筋骨的行动。悖论大师第欧根尼[2]曾说过，辛劳是好事。他指的是自己选择的、自愿的辛劳，因为谁都不喜欢被强迫劳动。

登山者开发了自己的潜能，也向自己证明了他的力量；他同时感受并思考怎么使用这份力量，如此无上的喜悦点亮了他周遭的雪景。然而，那些搭乘电缆车直奔著名山顶的人，他们不会看

1 欧式以三人为单位的纸牌游戏。

2 古希腊哲学家。传言第欧根尼住在木桶里；有一次亚历山大前去拜访，询问他有什么需要，只见第欧根尼回答说："我希望你不要遮住我的阳光。"

见与登山者所见到的相同的太阳。所以说我们被快乐的远景所骗，这话一点也不假。不过，它以两种不同的方式蒙蔽了我们：不劳而获的快乐远不如预期的那样快乐；相反地，挣来的快乐远比想象中更加痛快。运动员自我锻炼，以便能从比赛中获取奖赏；然而，通过不断地求进步与战胜困难，他获得了另一个奖赏，那是发自内心且操在己手的。这是懒人所无法想象的，他只看见辛劳和前一种奖赏，以致三心二意下不了决心。运动员已经起身劳动了，昨日的锻炼激励他奋起，他的意志和力量也随即为他带来新的欢愉，所以不动不舒服。但是懒人不明白，也无法明白这个道理；或者该说，就算听人这么说，或回想起这回事，他也难以置信。这就是为什么计算快乐永远算不准，而且马上会感到无聊起来。人这种会思考的动物，只要一开始无聊，就离发怒不远了。不过我认为，为奴的无聊比当主人的无聊还轻松一点。奴仆的工作即便再单调，那总归还是一种行动，仍然可以控制，或有些许的自由发挥；有别于此，主人只能领受坐享其成的快乐，他也自然而然会变得凶恶。因此，富人往往出于忧伤与别扭而去使唤人；劳动者会意志动摇，因为他比自己所以为的更快乐。人都在自找苦吃。

45 利己主义者
L'égoïste

1913.2.5

利己主义者由于一个误判而错失对人的宿命的继承。除非看见近在眼前的欢愉，否则他连一根手指头都不愿意动。

如同奥古斯特·孔德（Auguste Comte）[1] 所指出的，西方宗教的错误之一，就是认定人永远是利己的且无法改变的，除非得到神的救赎。这个观念毒害一切，甚至影响到献身的意义。这件事导致无论是在最平庸的观点还是最独树一帜的想法中，都会有人跳出来支持底下这种奇怪的看法，那就是自我牺牲者终究是在自我满足而已。就像“有人喜欢战争，有人喜欢正义，而我喜欢喝酒”。而这就是把无政府主义者和神学家相提并论，把起义对等于受辱，把所有事都混为一谈。

事实上，应当想到人往往喜爱行动胜过享乐，就像年轻人所表现出来的贪玩一样。因为在一场球赛里，如果少了推挤、拳打脚踢，还有赛后的瘀青跟绷带，它还能剩下些什么呢？所有这些过程都被热烈地追逐着，所有这些过程都被回忆所牢记，人们一

---

1 奥古斯特·孔德（Auguste Comte，1798—1857），法国哲学家、社会学家，实证主义（positivisme）创始者。

想起就心驰神往，脚底发痒得想跑起来。这种不拘小节的骁勇气度使人畅快，甚至无所谓于挨揍、受苦和疲惫。应当也可以想想战争的例子。战争之所以成为一些人喜爱的游戏，那是因为它所彰显出来的骁勇往往更胜于残酷。而战争里的那些相对不入眼的丑态，往往是战前准备的苦劳役和战后修复的苦差事。总而言之，战争的混乱来自那些最优秀的人已战死沙场，而那些墙头草则趁势而起，夺权、践踏正义。然而，直觉的判断在此却二度失灵；勇者如戴鲁莱德（Déroulède）[1]，他对于自己的受骗丝毫不以为忤。

这些证据都值得再三斟酌。利己主义者的嘲弄于事无补，因为他认为骁勇的感受远不及享乐与痛苦的估算来得重要。天主教徒、才子帕斯卡曾写过这样一段话：“愚蠢如你们，热爱荣耀，而且是为他人的荣耀！”这番暗指“我们是为了流芳百世才慷慨就义”的言论，只是看似深刻而已。同样，他也嘲笑过猎人宁可费尽千辛万苦去逮一只兔子，也不肯接受它白白送上门来。神学的偏见得要够根深蒂固，才能蒙蔽某些人的眼睛，使他们看不清。其实人热爱行动更甚于享乐，热爱规范、充满纪律的行动更甚于任何其他行动，而正义的行动更是远甚过于其他一切。当然，人能从中得到无与伦比的快乐，可是就此以为行动是为了追求快乐却是错误的。因为快乐是伴随行动而生的。爱情所带来的种种欢

1 保罗·戴鲁莱德（Paul Déroulède，1846—1914），法国作家、政治家。普法战争之后，他所领导的爱国联盟大力鼓吹复仇。

愉使人忘却必须先快乐才能拥有爱情。这就是马与狗的神，也就是大地之子——人类的本性。

相反地，利己主义者由于一个误判而错失对人的宿命的继承。除非看见近在眼前的欢愉，否则他连一根手指头都不愿意动。然而，这种计算欢愉的方式总是会遗漏掉真正的快乐，因为真正的快乐需要人们先付出辛劳。这就是为什么在利己主义者慎重的计算里，总是优先考虑避免痛苦；对痛苦的恐惧总是大于他对此怀抱的希望。最后，利己主义者只会归结出谁也无法从病、老、死里逃出。而对我来说，他的绝望刚好证明了他对自己的不甚了解。

46 无聊至极的国王
Le rois'ennuie

1908.1.22

生活过得有点艰辛，道路走得不尽平顺，这是好事。我同情那些国王，他们的欲望只需要用想象就能够成真；假使世界上真有神，他们应该会有点精神衰弱。

生活过得有点艰辛，道路走得不尽平顺，这是好事。我同情那些国王，他们的欲望只需要用想象就能够成真；假使世界上真有神，他们应该会有点精神衰弱。传说在古时候，他们会化身为旅人前往凡间叩门。无疑地，他们想要借由感觉饥饿、口渴和爱的激情来寻回些许的幸福。只是，一旦他们不经意地思及自己的力量，就会想起这一切不过是一场游戏；只要他们想，就可以删除时空，进而结束自己的欲望。这导致他们觉得很无趣，可能从那时起，他们就让自己上吊或淹死，或者像睡美人那样长睡不醒。幸福无疑总是需要一些焦虑、一些激情、一点点能提醒自己还活着的小小痛苦。

比起财富所带来的幸福，人们往往能从想象中得到更多的幸福。这是因为一旦握有财富，并把它等同于幸福，他们就会坐下来休息，而不再继续追逐幸福。富裕有两种，一种让人觉得无聊，因为它光让人干坐着休息，什么也不干；而另一种让人愉快的财富，它就像是得到梦寐以求的土地的农人，有一大堆的计划和工作迫不及待地要去完成。人们喜欢力量，并非静止的力量，而是行动中的力量。什么都不做的人什么也不爱。给他送上门来的现成幸福，他会像没胃口的病人一样掉头就走。而比起听音乐，谁不更乐于自己演奏音乐呢？人们喜欢挑战困难。每当有阻碍挡住去路，人们总会更加热血沸腾。谁想要一个不劳而获的奥林匹克桂冠？没人想要。如果完全没有输掉的风险，谁还会想打牌？从前有一个老国王，他老是和他的朝臣们打牌。但他只要一输牌，就会翻脸，每个朝臣都对此心知肚明。久而久之，朝臣人人都学会该怎么出牌，而老国王就再也不会输牌了。不过，他也从此不再打牌。他起身跨上马背，改去打猎。然而，这是皇家狩猎，猎物们会自己前来送死。小鹿和朝臣一样会讨老国王欢心。

我认识不少个国王。他们都是小国之君，统治着他们各自的家庭。他们备受疼爱、迎合和无微不至的照顾。他们连产生欲望的时间都不需要，那些关爱的眼神就会自动读出他们脑子里的想法。不过，这些小小的朱庇特（Jupiter）[1]无论如何还是会大发雷霆、刁难，想出种种任性的要求，和一月的太阳一样变幻莫测。他们想尽办法地要求，从无聊变成荒腔走板的人。而如果神祇们还没无聊至死的话，希望他们别让你成为这般乏味小国的君王；希望他们把你指往崎岖的山道；希望他们让你骑上一匹安达卢西亚（Andalousie）[2]特产的上等骡子。这种骡子的双眼像井一样深，额头像锻铁台一样平坦，它会走着走着猛然停住，只因为他在路上，被自己双耳的影子给吓住。

1　古罗马神话中的众神之王，掌管雷电。与古希腊神话的宙斯相对应。

2　位于西班牙南部，西班牙的十七个自治区之一。

47 亚里士多德
Aristote

1924.9.15 -

人们常说自己总是错过幸福。对于免费的幸福而言，此话不假，因为免费的幸福根本不存在。而人们自己创造的幸福，从不会让人失望。

愉快的根源来自积极地去做，而非消极承受。但是，因为人们只消把糖放进嘴里，什么都不做等糖融化，就能得到小小的欢愉，使得许多人便想依样画葫芦地品尝幸福，最后却无不感到失望。倘若人们只是听音乐而不自己歌唱，那么从音乐中所能得到的欢愉也就有限。有个聪明人说，他用喉咙欣赏音乐，而不是用耳朵。同样地，观赏美丽的画作也是一种静态的欢愉，而假使人们不自己去画画，也不自己去进行一整个系列的创作，这往往不足以让人忘却一切的烦忧。不要仅止于欣赏，而是要起身去追求、去得到。去戏院里当观众的人会比他想象的更容易感到无聊。想要避免无聊，就得要开创或至少要表演，而表演也算是一种创造。大家都还记得社交场合里的那些余兴节目，每个表演者都玩得兴高采烈。我还记得自己专注于准备木偶戏表演的那几个星期有多开心；要强调的是，我自己用小刀把树根雕刻成木偶剧里的一个个人物，像是老妇人、天真的少女、军官、放高利贷者，然后再请人为这些木偶裁制衣服。我不晓得观众会有什么样的想法，他们当然有权评论，只是这种通过评论所获得的快乐的程度有限。不过，如果批评者能创造点什么，他们还是能从中获得一些乐趣。打牌的人不断发明新招数，并且因此改变牌局里的那些僵化套路。别去问一个不会玩游戏的人是否喜欢游戏。政治一点也不无聊，只要人们懂得它的游戏规则。不过，游戏规则是需要学习的。而天下的事情无非就是如此，快乐需要学习。

人们常说自己总是错过幸福。对于免费的幸福而言，此话不假，因为免费的幸福根本不存在。而人们自己创造的幸福，从不会让人失望。因为幸福就是学习，而人们永远在学习。人们知道得愈多，就愈能去学习。当拉丁文专家很快乐，因为学海无涯，而学得愈深，得到的快乐愈大。当音乐家的快乐也是如此。亚里士多德曾经一针见血地指出，能在音乐中自得其乐的人是真正的音乐家，而能在政治中自得其乐的人是真正的政治家。他说："快乐是力量的标志。"这句话使我们摆脱了教条，并以追求绝对价值的方式铭记于心；而如果人们想理解这位旷世奇才，这位生命中曾历经过无数次的无效攻击的天才，那么，就应当从这句话着手。真正进步的标志是懂得从行动中获得乐趣。这使得人们明白工作是唯一美妙的事情，并且有了它就足以使人生富足。我指的是自愿的工作，它既是力量的泉源也是结果。让我再次强调，不要消极承受，而是要积极采取行动。

大家都见过建筑工人如何利用闲暇时间为自己盖一间小屋。应该去看看他们是怎么挑选每块石头的。所有的工作中都有类似的乐趣，因为匠人总在开创与学习。然而，若是失去了对这种价值的追寻，机械的工作只会导致无趣。当匠人无法参与创造，而只能一再重复相同的工作，不能拥有他工作的成果，并且以此去学习更多的东西时，便会在社会中造成很大的动荡。相反地，依循时序渐进而作，且每一个劳作都是使下一个劳作顺遂的保证，这便是农人的幸福。我指的是拥有自主权，并为自己耕作的农夫。然而，由于有人抱持着能获得免费幸福的错误想法，这使得需要用辛劳换来的幸福引人非议。如同第欧根尼所说，天下最美之事莫过于辛劳；假使人们不能从这个矛盾中取得真正的理解，则无法获得真正的快乐。而倘若反省这个矛盾也是一种辛劳，那么人们就能从中获取快乐。

1922.8.28 – 48
农人的快乐
Heureuxd'agriculteur

工作既是最好也是最坏的事。假使工作是自由的，那它便是最好的；假使是奴役的，那它便是最坏的。

工作既是最好也是最坏的事。假使工作是自由的，那它便是最好的；假使是奴役的，那它便是最坏的。我所谓自由的工作指的是，由工作者按照他的专业知识和经验所自行规划的工作，如同木匠造一扇门。不过，假使他做的这扇门是给他自己用的，那么又另当别论了。因为这是一个可以延续到未来的经验；他可以看见自己所选择的木料是如何经受成为门的考验，而他会因为找到一条他预料中会出现的裂缝而雀跃。别忘了智力的作用若不发挥在制门上，就会发挥在制造种种触动自己激情的事情上。一个人若能目睹自己工作的成果，并且接续往下做，而且除了工作对象之外，他没别的主人的话，那么他就是快活的。而从工作中所领悟的一切道理，他也一定会牢记在心。倘若人们造了自己用来航行的船，那么他们会获得更大的快乐。船舵的每项操作都会唤起回忆，让他们回想起在造船时的每个琐碎的细节。偶尔，在郊区会看见匠人用他所找来的材料在工作闲暇逐步盖起自己的房子，就算是宫殿也无法给出与此等量的幸福。还有，一个王子真正的幸福在于指使人按照他的计划盖宫殿；然而，能亲自在自己的门上安上门闩的幸福却远胜于此。辛劳因此制造欢愉。与其听命行事、从事单调的工作，每个人都会更喜欢去从事能尽情投入且有所开创的艰困工作。最糟的工作就是有长官会一直跑来打断和干扰的工作。打杂的女佣是最不幸的，人们一会儿要她切菜，一会儿又派她去擦地板；而她们之中最干练的女仆，会从她们的工作中抓住主导权，并从中为自己创造一种幸福。

因此，一旦人们能在自己的土地上耕作，务农便是最愉快的工作了。人们能从工作的结果中看见愿景，从工作的开端想到工作的延续；比起金钱的营收，人们更常感受到的是自己如何持续不断地改变土地本身的样貌。开着货车，自在地行驶在自己亲手铺上碎石子的道路上，那是一种无与伦比的快乐。如果能确保一直在同一片山坡上耕作，人们可以不计较收成的多寡。这就是为什么在固定土地上劳动的佃农，他所受到奴役的程度会比其他佃农来得少。只要被奴役者有权安排自己的劳动，并且能确定工作会得到延续，任何奴役都会是可忍受的。遵循着这样的法则，就能轻易地得到极优质的服务，甚至能以别人的劳动为生。只不过主人往往会觉得无聊，便开始沉迷于赌博或追着歌伶跑。一个社会秩序的破坏，总是因为太无聊和由此衍生的疯狂行为。

现代人与哥特人（Goths）、法兰克人（Francs）、阿拉曼人

(Alamans) 或其他专门掠夺的部落之间，其实差别不大。只是现代人一点都不觉得无聊。如果他们能按照自己的意愿从早到晚地工作，就根本不会无聊。这就是为什么当大部分的人都务农的时候，无聊感会像眨眼一样无感。但确实，生产线的工作不会得到与农业活动相同的好处。必须把工业和农业结合起来，像是把葡萄与榆树结合起来一样。所有的工厂都应该开设在乡下；每一家工厂都该有一片能受到良好光照的田产，以供耕作。这种新一代的萨朗特（Salente）[1] 把焦躁的人心转化为沉稳。这一类的尝试不也常常可以在铁路扳道工的小花圃里看见吗？盛开在交通繁忙的铁轨旁的鲜花，它执拗的程度从不亚于从石板细缝中所长出的野草。

1 原为古意大利的一个城市。法国作家弗朗索瓦·费纳隆（François Fénelon，1651—1715）在《忒勒马科斯历险记》里，把萨朗特城描述成一个理想国度，从此它便成为“乌托邦”的代名词。

49 劳动 Travaux

1911.11.6

有些教育专家教出来的孩子终生懒散，他们所有的时间都被学习给排得满满的，因此养成做事拖拖拉拉的习惯。

陀思妥耶夫斯基（Dostoïevski）[1]的《死屋手记》（*Souvenirs de la maison des morts*）为我们揭开了苦役犯真实的心理活动；他们所有奢侈的伪善，如果可以这样形容伪善的话，通通被剥除了，即便还保留一些必须存在的伪善，人之为人的本性却免不了偶尔会暴露出来。

苦役犯服劳役，而他们的劳动往往毫无用处。例如，在一个木材毫不匮乏之处，以囤积木料为由，强迫苦役犯去拆除一艘旧船。苦役犯当然也知道这一点，所以当他们日复一日地重复这项毫无意义的工作时，总是毫无干劲、满脸愁容、笨手笨脚的。不过，假使他们被赋予一项必须当日完成的任务，一项既艰巨又困难的任务，他们会立刻变得机智、聪敏与兴高采烈。而假使这又是一个真正有用处的工作，像是铲雪，他们就会加倍地有干劲。该去读

1　费奥多尔·米哈伊洛维奇·陀思妥耶夫斯基（Fiodor Mikhaïlovitch Dostoïevski，1821—1881），俄国作家。

一读那些让人震撼的篇章，那些毫无加油添醋的真实描述。人们会发现有用的工作本身就是一种快乐；这种快乐来自工作本身，而非从中获得的好处。举例来说，苦役犯敏捷且欢快地从事某件规定的工作，由于完工后便得以歇息，或者想到可以多休息半小时，他们愿意奋起、齐心协力地赶工。而一旦开始付诸实行，赶工的要求本身就使他们觉得快活。从萌生这种念头到实际执行、从意愿到开始行动，这之间的快乐远胜于他们原先所预期会得到的休息时间，因为那半小时仍只是在牢狱里度过的半小时。而我认为，若这半小时的休憩还称得上愉快，那也是他们拿这段时间来回忆方才工作的十万火急与紧绷。人类最大的愉快莫过于与人合作，共同完成一项艰巨且可随意操纵的工作，游戏就是对此最好的证明。

有些教育专家教出来的孩子终生懒散，他们所有的时间都被学习给排得满满的，因此养成做事拖拖拉拉的习惯。这也意味着工作成效不彰，导致在工作期间始终带着无法消除的倦怠感。相反地，如果能把工作和疲惫划分开来，两种都会令人觉得舒服。倦怠地工作，就像人们只是为了活动筋骨和呼吸新鲜空气而去散步。散步途中总是疲惫不堪，然而一旦进了家门，便不再感到疲倦。当忙碌于一件辛苦的工作时，人们反倒会忘记疲劳，灵活地工作着。等到终于完工之后，人们可以彻底地松懈下来，以睡个好觉来结束这一天。

50 作品
Œuvre

1922.11.29

> 懒人会说：“我将来会去做。”而脚踏实地的人该说：“我正在做。”行动孕育着未来。

一件已经着手创作的作品，比创作作品的动机更有用。有些合作的动机点子很不错，然而人们可能会花上一辈子的时间去反复讨论它，却从未真正展开合作。不过，持续滋长的合作信念会促使创作者更努力去做。在所有作品里，那些尚待完成的部分、那些等着被堆砌的石子堆，都是让人们持续朝着完成作品而努力的重要理由。谁能从先前的工作中看见自己意志力的痕迹，他便是快乐的。

常言道，人人都在追求财富。不过我认为，人们是明摆着这个合理的目标，却迟迟不去动手。他们毫无想象力，以至于无法专心致志把作品从无到有创造出来。而这就是为什么我们明知有许多好作品，却从来没有一件是出自自己之手。想象蒙蔽我们的方式不止一种，但主要是因为我们把它所营造的热血沸腾的激动，当作未来的预兆。然而这种激动就只是激动而已，它不指向或前往任何他处。激动总是眼下的，计划才是朝向未来。因此，懒人会说："我将来会去做。"而脚踏实地的人该说："我正在做。"行动孕育着未来。未来是不可预测的，作品也是如此。我们会发现作品的未来样貌与我们原先所设想的不同，而且往往比预期的更加动人。问题是，谁也不相信这件事，而且空想家会反复宣称他们的计划要比别人所完成的作品更加感动人心。

不过，请看看那些忙碌且愉快的人吧。他们忙于一项已经着手创作的作品，像是一间正在扩充规模的杂货店，或是邮票收藏。众人皆知，只要开始去做，没有一件事会是毫无意义的。这些人受够了想象，并且饥渴地到处探寻他们各自有待完成的石子堆和有待拓展的作品。一件刺绣在刚开始下针的时候，一点也不讨喜，不过随着绣出的部分的增加，便不断加强我们想要去完成它的欲望。这就是为什么信念是首要美德，而希望只排名第二。必须不抱希望地埋头去做，而随着与日俱增的进展，希望便会自行前来。只有作品才能催生出真正的计划。我绝不相信米开朗琪罗在开始作画以前，脑海里已有通盘的计划与画面。因为他在不得不开始作画时，曾说：“不过我不是干这行的。”不过他还是着手进行，而那些画面也随之逐一浮现。这才是绘画，我指的是发现自己正在做什么。

俗话说得好，幸福如同影子般与我们错身。我们确实永远得不到想象中的幸福。真材实料的幸福完全无法被想象，或者，它也不是想象的。它从来是实实在在的，而谁也无法为它勾勒出外表的形象。如同作家都知道的那样，题材无好坏之分；我甚至可以更进一步地说，面对令人着迷的主题才需要更加小心，更快地去接近、投入题材当中，才能扫除不切实际的想法，并建立信念、植入希望。也就是大破大立。由此，人们才能够明白小说和作为题材的真实历险之间竟有如此巨大的差异。画家们，别光是耽溺在模特儿的微笑里。

1911.5.15

51 眺望远方
Regarde au loin

对于郁悒的人，我只有一言相劝：“眺望远方。”

对于郁悒的人，我只有一言相劝：“眺望远方。”几乎所有的郁悒者都是读太多书的人。人的眼睛并不是为了阅读——这种近距离所设计的，眼睛需要在宽广的空间里才能得到休息。当你仰望星空或眺望大海尽头时，眼睛便能完全放松。假使眼睛能得到放松，大脑就会跟着自由，你的步伐也会更稳健；如此一来，全身上下的脏器也会跟着放松、灵活运转。不过，不必试图用意志去强制放松。你的意志使你专注，而使用意志需要全神贯注，注意力高度集中，最后只会让自己更紧绷，适得其反。别老想着你自己，去眺望远方。

郁悒确确实实是一种病。偶尔医生能猜出病因，开出处方。然而，服药之后要注意对身体的副作用，还要担心饮食的调和，这种接二连三的紧绷往往抵消了吃药的作用。这就是为什么如果是个高明的医生，他就会让你去找哲学家。可是，你在哲学家那里又能找到什么呢？他是一个读了太多书、思想得了近视眼[1]，因而比你还要忧郁的人。

国家应该像开办医院一样，设立智慧学院。作用是什么呢？这个智慧学院专门传授真正的知识，而真正的知识是优游于万物之间的冥思，领悟与世界同样博大的诗意。我们眼睛的构造需要在广大的视域里才能获得休息，这件事教会我们一个重大的真理，那就是思想必须解放身体，并把身体还诸宇宙当中，因为宇宙是我们真正的故乡。我们之为人的宿命和我们身体的功能有很深的关联。动物只要周遭没有任何打扰，就会躺下来睡觉，但是人却在思考。若是个会思考的动物，那还真是不幸。因为这会倍增他的痛苦和需求，让他在恐惧和希望之间来回拉扯。这些通过想象的催化，都会使他的身体处于时而紧绷，时而激动，时而放松，时而畏缩的不停忙碌之中，总是提心吊胆，总在提防周遭的人与事。假使他想摆脱这样的状态，他就去看书。书本仍旧是一个封闭的宇宙，而且离眼睛太近，也离他的激情太近。思想成为一个牢笼，而身体正为此受苦。思想变得狭隘和身体的自残，其实是在说同一件事。就像野心家重复无数次的演说，或恋人们重复无数次的祈愿。然而，如果真为身体好，便应该放纵思想去旅行与冥思。

知识能带领我们前往上述的境界，若是这个知识并非为了野

1　近视眼（myope），也用来暗喻目光短浅者。

心、多言、急躁，若是这个知识能使我们离开书本，能引领我们的目光到千里之外。而这种知识应当是感知与旅行。一旦你从一个事物中领悟到真实的关系，这个事物就会把你引领往另一个事物，引领向成千上万个事物；这些如河流般湍急的关系会把你的思想带向风、带往云，直至星体之间。真正的智慧不会着眼于近处的细枝末节，因为智慧是去领悟牵一发而动全身的道理。天底下没有任何东西是独善其身的，所以，好的运动使我们远离自己。这对我们的身体和眼睛都有益处。如此一来，你的思想可以在这个宇宙当中得到休息。而整个宇宙才是思想的领域，思想通过与你身体的生命相互呼应，并通往万事万物。当基督徒说“我的故乡在天上”，他并不知道自己在无意间，竟说中了真理——眺望远方。

52 旅行 Voyage

1906.8.29

随着人们学会如何更好地观看世界，再平凡无奇的景色也蕴藏着无穷的趣味。无论在哪里，人们都可以抬头仰望星空，而这就是一个看不尽的美景。

现在是假期旺季，世界各地都有人从一个地方赶往另一个地方；想当然耳，他们是想利用很少的时间，去见识很多的事物。倘若是为了增加聊天的材料，那是最好不过了，因为能讲得出来的地名愈多，就愈好打发时间。不过，如果旅行是为了他们自己，为了真正地增广见闻，那么我就搞不懂了。只是走马观花的话，其实到处都长得差不多。一个山涧，它永远就只是一个山涧。所以，那些快速环游世界的人，一趟下来并不会比他出发之前增添多少回忆。

世界的多彩多姿来自它的细节。观看，这指的是关注每个小细节，目光到处停留，而后再整体看一遍。我不清楚是否有人可以很快速地这么做，然后转向下一个对象，再整个重新来一遍。至于我，我肯定办不到。那些住在鲁昂（Rouen）[1]的人可快乐了，他们每天都可以朝着一件美丽的东西望上一眼，尽情地观赏圣端教

1 位于法国北部，诺曼底大区的首府，也是中世纪欧洲最繁荣的地方之一。1431 年，圣女贞德（Jeanne d'Arc）在此殉难。

堂（Saint-Ouen）[1]，就像是欣赏挂在家里的画一样。

相反地，如果一口气逛完一整座博物馆或一个旅游景点，事后所留下的记忆大概都免不了一片模糊，而对当地所勾勒出来的形象，往往是线条杂乱、灰扑扑的样子。

旅行时，我比较喜欢一次前进一到两米的节奏，不时停下来观看同一件物体从新的角度所呈现的新的样貌。我也常常坐在道路的左侧或右侧，从这些角度来看，世界的样子又全都改变了。这种旅行的方式比起我一次移动一百公里所能学到的更多。

倘若我仅是从这个山涧跳到下一个山涧，我所看到的永远是同样的山涧。不过，假使我从一块岩石走到另一块岩石，我的每个步伐都在改变同一个山涧，使它呈现层出不穷的样貌。假使我重看已经见过的事物，我确实能从当中获得更多感受，如同新的一样，而从这个角度来看，它也确实成为一种新的东西。因此，重点在于慎选一个丰饶的景色，以免因为习惯而变得无动于衷。或者应该说，随着人们学会如何更好地观看世界，再平凡无奇的景色也蕴藏着无穷的趣味。无论在哪里，人们都可以抬头仰望星空，而这就是一个看不尽的美景。

1　14 世纪的修道院，为哥特式建筑。

53 尖刀舞
La danse des poignards

1908.4.17

过去和未来只存在于我们的思考当中。它们是看法，而非事实。我们很努力地去制造一些对过去的遗憾和对未来的恐惧来折磨自己。

众人皆知斯多葛学派哲学家们的精神威力。他们研究仇恨、嫉妒、恐惧、绝望的各种激情，并穷究其原理，这使得他们可以像车夫驾驭马匹一样控制激情。

在他们的诸多推论之中，有个道理我很喜欢，也不止一次让我觉得受用无比，那就是对于过去和未来的看法。按照他们的说法："我们只需要承担现在。无论过去或未来都无法把我们压垮，因为它们一个已不复存在了，而另一个则尚未存在。"

这话说得很对。过去和未来只存在于我们的思考当中。它们是看法，而非事实。我们很努力地去制造一些对过去的遗憾和对未来的恐惧来折磨自己。我曾见过一个杂技艺人，他拿出为数不少的尖刀，一边把它们逐一往上叠架，一边保持平衡，就像他的前额上长出一棵吓人的尖刀树。而我们不断地叠架、承受自己的遗憾和恐惧，这种行为跟那涉险的艺人并无二致。与其仅承担一分钟，我们选择承担一小时；与其仅背负一小时，我们选择背负一整天、十天、几个月、几年。一个患有腿疾的人想着他昨日腿上所受的苦，想着他一直以来所受的苦，还想到明日也得继续这样受苦，他想着这样痛苦的一生唉声叹气。智慧在这里显然帮不上什么忙，因为无论如何都不可能消除得了眼前的痛苦。然而，若此处所涉及的是一种心灵上的痛苦，那么当人们再也不去遗憾过去和设想未来，这样的痛苦还会剩下多少？

有个失恋的人在床上辗转反侧，难以入眠，满脑子都在构思那些残酷的复仇计划。假使他不再回首过去与瞻望未来，他的悲伤又会剩下多少呢？被一个挫折咬啮着心的野心家，若非再三地回想过去的不顺遂和幻想未来的波折，他又能上哪儿去找他的痛苦呢？老想着过去或未来，就像神话里推巨石的西西弗斯（Sisyphe）[1]，永

1 希腊神话中，埃菲拉［Ephyra，今希腊柯林斯城（Corinthe）］的国王。他蒙骗死神又激怒冥王，因此被判必须将一块巨石推上陡峭的高山。每次当他用尽全力快要把巨石推到山顶时，石头就会从手中滑脱，于是他又得重新推石上山，做着永无止境的劳役。这个神话用来隐喻“永无止境且徒劳无功的劳动”。

无止境地受苦。

我想对所有以这种方式折磨自己的人说：想想现在，想想你那不断从这一分钟延续到下一分钟的生命，想想每一分钟都会跟着前一分钟而来。这意味着你能像你现在所是的样子活着，因为你正活着呢。而你会说，未来使你害怕。其实你不知所云。未来的事从来不会是你所预料的那样。至于你此刻的受苦，正因为它如此地强烈，可想而知，它必然会慢慢消退。一切都在变化，一切都会过去的。这句格言常使我们觉得哀伤，幸好它至少偶尔也能发挥安慰我们的作用。

1911.9.29 - 54

大放厥词

Déclamation

> 做一个不幸的人毫不困难，难的是成为一个快乐的人。但切莫因此而不去尝试。俗谚道：“世上所有美丽的事情都是困难的。”

在路上偶尔会遇见形销骨立的人正在晒太阳，或者正要走回家。这种极度衰败与临近死亡的景象，往往会让人第一时间在心中产生一股难以言喻的恐怖感，继而仓皇走避，心里嘀咕着：“都只剩个人形了，怎么还没死呢？”然而，就算只剩人形，他也还热爱生命；他向太阳取暖，不愿死去。我们难以想象。反省往往在此处栽了跟头，觉得不舒坦、被激怒，而一下子迸出另外一种坏的想法。

有一次我遇见类似的情景，正当我试图用审慎的言辞去理出一条能妥善理解的思想道路时，我见到身边的朋友眼冒地狱般的火光、浑身颤抖着，只为迫不及待大发谬论。他不假思索地说：“世界真悲惨。健康的人害怕疾病和死亡，他们尽其所能地逃避，却无法减少分毫恐惧，而是完完整整地经受恐惧。看看这些病号，他们本该期待死亡，以解脱身上的痛苦，可是完全不是这么回事，他们拖延死期，让饱受疾病折磨的身体继续被死亡的恐惧所折磨。

或许你会想，生命都落到这般恶劣的田地了，怎么还会怕死呢？可是你瞧，人们是可能同时憎恨死亡与痛苦的，而这就是我们每个人的下场。”

他觉得自己讲得头头是道。如果我愿意，我也可以和他抱持相同的想法。做一个不幸的人毫不困难，难的是成为一个快乐的人。但切莫因此而不去尝试。俗谚道：“世上所有美丽的事情都是困难的。”

我朋友的这番描绘地狱景象的说辞貌似合理，其实是用一种错待事物的眼光把我给蒙蔽了。我曾数度向自己证明，自己在某个当下处于无可救药的不幸深渊里。但这是为了什么呢？为了一个女人的眼神，然而她的眼神可能只是因为光线太强了，或者太累了，抑或刚好有朵云飘过而显得黯淡。只消些许无趣的想法、焦虑的心情，或者根据别人的言谈或脸色让我深信他们对我不以为然，就会让我感到陷入不幸之中。我们每个人都曾有过这种莫名其妙发神经的经验，一年过后，自己回想起来也会觉得好笑。这让我觉得，只要我们的思路受到眼泪、接踵而来的哭泣、胃肠、心脏、暴力的举止、肌肉无益的收缩等的影响，激情就会误导我们做出错误的判断。天真的人每次都会上当；但我知道这只是一时的坏念头，我可以迅速地平复心情，我只要别像那位朋友那样大放厥词，就一定办得到。我很清楚自己的声音对我的影响；所以我要平心静气地跟自己说话，而不是用一种悲剧性的口吻。上述就是关于语气的问题。我也很清楚疾病和死亡是平常且自然的事，而与之对抗是错误且非人的想法。我认为一个人性且真实的想法，应当总是能以某种方式，去配合人之为人的条件与万事万物的变迁。而这就已经是一个说服自己别盲目地怨天尤人的充分理由。抱怨滋生怒火，怒火又衍生新的抱怨。这形成了一种地狱般的循环，而我自己就是恶魔，手拿着恶魔叉把自己往地狱里送。

55 抱怨 Jérémiades

1912.1.4

快乐毫无威望，它是年轻人的心境，而忧愁却身居高位，并且被过度地尊重。

新年复始，这意思是说，太阳再度爬升至它的最高处，并且往下坠到它最深处的这个起点。我祝福你，再也别说或想着世界会愈来愈糟。抱怨“人贪财好利、爱享乐、无责任感，年轻人缺乏教养、偷窃，犯罪骇人听闻，人欲横流，又天时不正导致冬行春令”，类似的责难从人类社会形成的那天起便已存在。它不过意味着：“无论是我的肠胃还是兴致都不再是我当年二十出头时那个样子了。”

倘若这只是抒发感受的一种方式，人们可以忍受这样的言论，如同忍受病人的忧愁一般。然而，语言本身拥有极大的力量；它夸张、放大了忧愁，像件外套披盖在任何事物之上，并倒果为因，就像孩子将同学化装成狮子或熊之后，竟开始害怕对方一样。

很明显地，若一个生性忧愁的人把自己的屋子弄得像追思堂，他住在里头只会愈显忧郁，因为那里的每样东西都叫他黯然神伤。我们的念头也会有类似的情形。因为一时的使性子，我们把每个人都当坏人，懈怠公共事务，而这个乱搞的结果最后会反过来使我们对社会感到绝望。绝顶聪明的人往往最容易使自己上当，因为他们的大放厥词往往似是而非。

最糟的是，这种毛病是会传染的，就像是精神上的霍乱。我认识一些人，当着他们的面，谁都不能说从整体而言，公务员比过去来得更廉洁、勤快。那些随激情起舞的人往往神态自若地侃侃而谈，令人动容的诚恳使他们成为全场瞩目的焦点。这种时候，谁要是想站出来说句公道话，谁就会被当作傻蛋或恶作剧的家伙。抱怨变成一种规矩，犹如社交礼节的一环。

昨日，一位挂毯商为了寒暄而天真地说："季节全都打乱了。谁会相信现在是冬天？几乎和夏天没两样，谁也弄不清这是怎么回事。"他明明跟其他人一样，都觉得今年夏天出奇地热，却偏偏要这样抱怨冬天。不过，人云亦云更甚于事实。而且，你也别太信任这个正在笑话我的商人。因为并非所有的事实都像一九一一年美丽盛夏的回忆那样[1]，叫人记忆犹新。

我的结论是：快乐毫无威望，它是年轻人的心境，而忧愁却身居高位，并且被过度地尊重。因此我认为应当抗拒忧愁。不只是快乐是件好事，纵使这个理由已经足够，更是出于必须公正的缘故。因为忧愁总是滔滔不绝，总是强词夺理，总是不愿被公正地看待。

1 该年夏天，欧洲发生自 1851 年以来最惊人的热浪，从 7 月 5 日持续至 9 月 13 日。7 月 23、24 日，里昂与波尔多的温度高达三十八摄氏度。巴黎的 8 月期间，有整整十四天气温皆超过三十摄氏度。

56 激情的雄辩
L'éloquence des passions

1913.5.14

这般冲动的激情会导致我误判情事，我不过是个帮自己念台词的悲剧演员。一旦意识到这点，你会发现由于缺乏观众，剧场的灯也会跟着熄灭。

激情的雄辩几乎总是能把我们说服。此处指的是，想象力会根据我们身体的各种状况，不管是振作或疲惫、兴奋或沮丧，投射出各种忧愁、开心、辉煌或凄凉的幻觉。这使得我们自然而然地去痛斥周遭的人或物，而不去寻找或改变问题的真正源头，这些源头经常只是很小的、无关紧要的事情。

此时适逢考季，许多应试生挑灯夜战，这既让眼睛疲劳，又会导致头疼。这些小毛病靠着好好睡上一觉，往往就能轻松痊愈。不过，天真的应试生不这么想。他首先会注意到自己学习的进度不够快、观念不清楚，而作者们的思想老是赖在书页上，不肯进到他的脑袋里。然后，他开始为试题的困难度发愁，怀疑自己的能力，心灰意懒地回顾过去，发现或者一厢情愿地认定自己过去从未做过什么有用的事，百废待举，所学的知识无一不模模糊糊、乱无章法。他再往前想到未来，便想到学习是如此漫长，而时间却短得远远不够用。于是，他又双手抱头地拼命啃书，但其实他应该上床睡觉了。他的痛苦使其对于治愈的方法视而不见，也正因为过劳，才会任由自己加倍用功。这种时候就需要斯多葛学派的深刻智慧，而这样的智慧也通过笛卡儿和斯宾诺莎的论述得到进一步的发挥。永远不要轻信想象的证据，而是要通过反省，从中推测出这是激情在施展它的雄辩术，并且拒绝受骗。如此一来，应试生绝大部分的痛苦便能不药而愈。认为一点小头痛和眼睛酸痛是可以忍耐的且它并不持久，然而绝望是恐怖的，还会自动恶化为其自身的成因。

这就是激情的陷阱。盛怒之人为自己主演了一出精彩的悲剧，生动且扣人心弦，他为自己罗列出敌人的所有过错、狡计、精心安排、蔑视和对付他的下一招伎俩，他满腔怒火地诠释所有的情况，并且使得自己更加怒气高涨。他好比绘出复仇女神（Furies）的画家，被自己面目狰狞的画给吓坏了。就这样，只是出于内心的风暴和肌肉的剧烈运动，也能把原本微不足道的原因，扩大成一场风暴般的愤怒。可想而知，若想要平息这样的激动，就绝不能去回顾、逐条细审自己曾遭受的凌辱、损害，并要求补偿。因为此时所展现的神智清明，如同处于疯狂之中的假性清醒。这种时候仍需通过反省，从中推测出这一定是激情又在施展它的雄辩术，并且拒绝受骗。与其说“这个虚假的朋友压根不把我放在眼里”，不如说“这般冲动的激情会导致我误判情事，我不过是个帮自己念台词的悲剧演员”。如此一来，你会发现由于缺乏观众，剧场的灯也会跟着熄灭。而原本金碧辉煌的布景不过是一片杂乱。这才是真正的智慧，避免滥情于不公正的有效武器。唉！我们往往受制于伦理学家对问题的指手画脚，然而他们除了把人逼疯，或者把自己的痛苦施加于人之外，什么都不懂。

57 关于绝望
Du désespoir

1911.10.31

思想给悲伤添上了翅膀，放任痛苦飞翔；然而我的思想一旦能够瞄准目标，我会折断这双翅膀，让痛苦只能在地表匍匐前进，再也无法挡住我的视线。只不过，坏就坏在我们总是情愿让痛苦乘风高飞。

有人说："一个无赖不会为了一点点小事就寻短见。"一个正直者因为自觉丧失了名誉，便选择自杀，并使得他认为会瞧不起自己的人，因为痛失他而流泪。这种事曾经有过，未来也会继续发生。这桩惨剧会深深地铭刻在我们的记忆深处，而我想知道究竟是什么原因，会让一个通常懂得克制自己的激情，以理性和公正要求自我的人避免不了被另外一些激情攻陷，最后导致自己一败涂地。我还想知道人该如何对抗绝望。

判断情势、提出难题、寻找答案、发现无解、无从着手，同样的想法如旋转木马般原地打转。你说，像这类的事情就能把人整惨，可见聪明才智也会伤害我们。不，完全不是这么回事。应当打从一开始就避免犯下这种错误。人们有诸多想不通的问题，然而，这从来也不是个大问题。一个顾问、理财专员、法官可以斩钉截铁地断定某件事毫无希望，或者根本不下任何判断，而他们照吃、照睡，丝毫不构成任何问题。我们在乱无头绪的想法里所受到的伤害，并非来自这般混乱的想法本身，而是我们不愿接受这种混乱，并且试图抗争。或者不妨说，这是因为我们希望事情不是它现在的样子。我认为在所有的激情活动中，存在着一种对无可挽回的反抗。譬如说，某人为了爱人的愚蠢、爱慕虚荣、冷酷而感觉深受其苦，这是由于他执意希望爱人不是现在的性格。同样地，当人们很清楚自己无可避免会破产时，激情让他仍怀抱一丝希望，并且在某种程度上命令大脑反复思索此事的来龙去脉，以便找到另一条能从这个避免不了的结局里岔出去的道路。然而，路已走完，人们就站在道路所指向之处。在时间的道路上，人们既无法掉头，也无法在同一条路上走两次。我坚信一个性格坚强的人，他会提醒自己身在何方、面对什么样的事实，以及什么是无法挽回的，这使得他能够离开此处，前往未来。要做到这点并不容易，必须通过小事来不断自我训练；否则，激情便犹如关在笼子里的狮子，它可以在栏杆前徘徊数小时之久，仿佛总是希望当它在此处找不到出口时，是因为还没有把另一边找清楚的缘故。简而言之，这种因为缅怀过去所造成的忧愁，不仅毫无益处，甚至有害。因为它会导致我们徒劳地去反省、寻找。斯宾诺莎说懊悔是第二次犯错。

假使那忧愁的人曾读过斯宾诺莎，他会说：“若我是忧愁的，我便无法总是保持快活；这和我的脾气、疲劳程度、年纪和当时的天气都有关。”敢情好。

请你这样告诉自己，严肃地这么说。把悲伤都赶回它们真正的原因之中。我认为这会像是风把云吹散般，为你驱除所有沉重的想法。大地满载痛苦，可天空始终晴朗。因此，总还有胜算的。当你把忧愁赶进体内时，你的思想就仿若被好好地清理过了一般。或者你不妨这样说，思想给悲伤添上了翅膀，放任痛苦飞翔；然而我的思想，一旦它能够瞄准目标，我会折断这双翅膀，让痛苦只能在地表匍匐前进。它总是在我的脚边，却再也无法挡住我的视线。只不过，坏就坏在我们总是情愿让痛苦乘风高飞。

58 关于怜悯
De la pitié

1909.10.5

没人喜欢被同情，如果一个病人没让一个健康的人觉得扫兴，那么他便会得到鼓舞与安慰。信心是一帖神效的万灵丹。

有一种善意，它使生活蒙上阴影，悲伤的善意被通称为怜悯，它是人类的灾难之一。应当看看一个善感的女人是怎么跟一个消瘦、患有结核病的男人说话的。她双目带泪，说话的语调、内容全都在凸显这是个病入膏肓的可怜人。然而他毫无怒意。他承受别人的同情，一如承受着自己的病。事情总是如此。每个人都来为他添上一点悲伤，每个人都对他重复着同一条曲调：“见到你的身体如此糟糕，真叫我心如刀割。”

稍微有点理智的人懂得看紧自己的嘴巴，他们想给出鼓励的话语：“加油，等好天气一来，你就可以下床了。”不过脸上的表情却跟嘴上所说的话有出入。悲歌总令人想哭。那怕是一点点的神色变化，病人也会察觉到的。而一个无意间发现的眼神，则胜过千言万语。

那么，该怎么做才好呢？应当这么做：不为病人感到忧伤。应当怀抱希望，只有自己怀抱希望时，才能把这份希望带给别人。

应当信赖人的本性，以光明的角度看待未来，并且相信生命将取得胜利。这样做比我们想象中更加容易，因为这是天性。所有活着的东西皆相信生命将会胜利，否则它们马上会死。生命的威力会让你立即忘却这是个可怜人，而这种生命的威力正是你应该带给他的。实际上，不应过分地给予同情。这不是指要变得冷酷、无动于衷，而是展现一种开朗的友谊。没人喜欢被同情。如果一个病人没让一个健康的人觉得扫兴，那么他便会得到鼓舞与安慰。信心是一帖神效的万灵丹。

我们深受宗教的毒害。我们习惯于任由教士窥视人的弱点和痛苦，使他们拿各种训诫对死者的一生一言以蔽之，并且使活着的人引六为戒。我讨厌这种殡葬仪式似的大言不惭。应当宣扬的是生命，而非死亡。应当传播希望，而非恐惧。应当在人群中耕耘欢乐，这才是人类真正的宝藏。这既是伟大智慧的秘密，也会是明日的希望之光。激情使人忧伤。仇恨使人忧伤。欢乐能扫除激情和仇恨。就让我们开始告诉自己，忧伤从来不是什么高贵、美丽或有用的东西。

59 他人的痛苦
Les maux d'autrui

1910.3.23

愈是吃苦、受得了苦，愈能苦中作乐。因为人们再也没空去想未来可能会发生的痛苦，而是忙着处理眼前货真价实的事件。

我记得应该是拉罗什富科（Rochefoucauld）[1] 曾写过这么一句话：“我们总有足够的勇气去承受他人的痛苦。”这个伦理学家所讲的话肯定有几分道理，但这句话只说对了一半。更值得注意的是，我们总能够爆发出足够的力量去承受我们自己的痛苦，并且最好如此。因为当事情落到我们肩头时，我们得要好好扛住。人们要不一死了之，要不就得设法活下去；大部分的人会采取后一种做法。生命的威力让人钦佩。

就像遭逢水灾的人，他们努力适应新环境。他们不会在栈桥上害怕地呻吟，而是直接把脚踩上去。那些被安置在学校或其他公共场所的灾民，他们想尽办法让自己住得舒适一点，吃得饱、睡得暖。那些上过战场的人也会说类似的话。战场上最大的痛苦不是战事本身，而是脚在受冻。人们只盼望能生起一堆火，取取暖，

1 拉罗什富科（La Rochefoucauld，1613—1680），法国作家。

就能让人心满意足了。

甚至可以这么说，愈是吃苦、受得了苦，愈能苦中作乐。因为人们再也没空去想未来可能会发生的痛苦，而是忙着处理眼前货真价实的事件。鲁滨孙[1]直到把自己的房子搭建起来之后，才有空闲想念故乡。无疑地，这就是富人热爱狩猎之因。在狩猎中所面临的都是近在咫尺的痛苦，像是脚痛，或者触手可及的欢愉，例如大口吃肉、大口喝酒。行动带动一切，让事情一气呵成地了结。能把全副精力都用来对付一件困难的工作的人快乐无比，而净想着过去或未来的人很难快乐得起来。肩负世界重担的人们只有两种选择，快乐地活着，或者但求一死。当人们忧心忡忡地驮着自己人生的重量时，所有的路途都显得如此难行。人的过去和未来阻碍着前进。

总之，应当别老想着自己。有趣的是，往往是别人谈论他们自己的时候，使我想到自己。一起行动总是件好事。然纯粹为了说话、诉苦、埋怨而相聚聊天，这是世上的几大灾难之一，更别提那时人的表情会是多么地生动，并因此把一些陈年旧事的悲伤再度翻搅起来。只有在社交场合，我们才会老想着自己，因为在这种场合，人与人相互碰撞，以语言、眼神、友爱的心相互应答。一句抱怨会引来成千的抱怨，一个恐惧牵引着成千的恐惧。羊群

---

1 英国作家丹尼尔・笛福（Daniel Defoe）于 1719 年问世的首部作品《鲁滨孙漂流记》（*Robinson Crusoe*），描述海难幸存者鲁滨孙在一个偏僻荒凉的热带小岛上生活了二十八年的故事。

跟着第一只羊跑。这就是为什么一颗敏感的心总是多少带点愤世嫉俗。这就是友谊所应该随时考虑到的事情。一个敏感的人因为害怕自己会影响到别人，而宁愿孤身一人；把这样的人称作自私鬼是不公平的。一个难以忍受朋友脸上焦虑、忧伤、备受痛苦与折磨表情的人，也不该被说是铁石心肠。人们会怀疑那些愿意与他人的不幸为伍的人是否更在意他们自己的痛苦，或者他们有更大的勇气去承受别人的痛苦，或者是更无情。这个伦理学家只是讲了一句狡猾的话。他人的痛苦是很难去承受的。

60 安慰 Consolation

1910.11.26

幸福和不幸都是不可能去想象的。进一步来说，人们可以摆脱掉不愉快的想法，却不清楚自己是怎么办到的。

幸福和不幸都是不可能去想象的。更确切地说，我所说的并非享乐，也不是痛苦，像风湿痛、牙痛或宗教审判之类的责罚。诸如此类的享乐或折磨，人们可以通过对其原因的认识，而产生关于这类事的观念，因为它们都有一个相对应的结果。好比被热水烫伤手、被汽车撞倒、被门夹到手，在所有这些类似的情况下，我大概可以估计一下自己痛苦的程度，或揣测当别人发生同样情况时所可能感受到的痛苦。

然而，幸福与不幸并非各人看法不同的问题。对于这两者，人们既无法预测，也无法想象，无论对象是别人还是自己。一切取决于思路，而思考却往往不是人所能控制的。进一步来说，人们可以摆脱掉不愉快的想法，却不清楚自己是怎么办到的。举例来说，剧场通过强大的戏剧张力吸引我们全部的注意力，使我们无暇顾及其他。让人专注的可能是很小的东西，一块布景、一个大声嚷嚷的人、一个假哭的女人；然而，这些装腔作势却能勾引出你的眼泪，真正的眼泪。一个不甚高明的演技却足以让你在刹那间背负起所有人的痛苦。下一刻，你又随剧中人出门旅行，把刚才的烦恼抛到九霄云外。悲伤和安慰就像小鸟般降落又飞走。人们为此感到羞赧，会像孟德斯鸠（Montesquieu）一样脸红地说：“我只需要读上一个小时的书，任何天大的悲伤都能忘掉。”而他说的是真的，当人们认真阅读时，就会完全沉浸在书本之中。

被关在囚车里，等待押送刑场的人当然值得同情。不过，倘若他心里挂记着别的事情，他待在囚车里便不见得会比我待在现下的环境来得痛苦多少。如果他数着拐弯和颠簸，他就会想着拐弯和颠簸；如果他试着去读一张远处的告示，在他生命的最后时刻，他就会一直想着这张告示。对于这个生命的最后时刻，我们又懂什么呢？而即将上断头台的他又懂什么呢？

有个同学跟我讲过他差点溺死的经过。他在船和码头之间不慎跌入水中，沉到船底下很长一段时间，人们把他救上来的时候，他已经毫无知觉了。可以说，他是死里逃生。他回忆道，他掉进水里时眼睛是张开的，他看见眼前漂动着一条绳索，他想着该去抓它，却完全提不起劲。绿色的水与漂浮的绳索，这个画面完全占据了他的思想。据他说，这就是他生命的最后时刻。

1907.11.8

61 纪念死者

Le culte des morts

> 死者尚未完全死去，这句话不难理解，因为我们仍旧活着。死者想要活着，他们想要在你身上活下去，他们想要你的生命继续耕耘，向着那些他们曾经想望的富饶。

对死者的纪念是个很美的习俗。亡灵节[1]的日子颁定得很好，是在能由环境变化清楚感受到太阳远离我们的时分。此时花朵枯萎，人们踩在铺满红黄相间落叶的道路上，夜晚变得漫长，白昼像傍晚一样慵懒，这一切都使人联想到疲惫、休息、睡眠和过往。一年的尽头犹如一日之暮、一生的末端。当未来只剩下夜晚与睡眠，思想自然而然会回顾过往，使人成为历史学家。因此我们的思想与季节、习俗往往相互应和。在这样的时节里，人会想追悼亡灵并与他们说说话。

不过，该如何召唤亡灵？如何取悦他们呢？尤里西斯（Ulysse）[2]设宴款待他们，我们带着花去探望他们。这些奉献的举动都是为了把我们的思想转向他们，并且促使双方开始对话。显然，人们要召唤的是亡灵的思想，而非他们的身躯。想当然耳，亡灵

1 法国以11月2日作为亡灵节（la fête des morts）。

2 根据荷马（Homère）的《奥德赛》（*Odyssée*），尤里西斯是希腊西部伊萨卡岛之王。

的思想就沉睡在我们的身体里。然而，这不妨碍坟上的鲜花，花束、花圈自有其意。因为我们无法如己所愿地思考，而我们的思路有很大程度必须仰赖所见、所闻及所触。为自己制造某种景象，以便产生与此景象相应的想望，而这也是宗教仪式有其价值的原因。不过，仪式只是手段，而非目的。因此不该把上坟的人和望弥撒、诵经的人混为一谈。

死者尚未完全死去，这句话不难理解，因为我们仍旧活着。死者仍会思考、说话、回嘴，他们能给予建议、要求、赞赏与谴责。他们言之凿凿，应当被放在心上。而这一切都发生在我们的脑子里，也该活用在我们自己身上。

你会说，敢情好，既然我们无法遗忘死者，也就用不着思念他们。想着自己，就如同想着他们。话虽如此，不过人们通常不会想到自己，真正地、严肃地想到自己。在我们眼里，自己总是过于软弱又太优柔寡断。我们靠自己靠得太近，而难以掌握一个能正确认识自己的距离。就像怎么可能会有一个老想着帮自己讨回公道的正义之友呢？相反地，我们能看见死者的真实样貌，因为虔诚的心会使我们忘掉一些细枝末节。死者给的建议可能是人类最大的壮举，那些建议的力量来自他们不复存在的这个事实。人只要活着，就必须不断地回应周遭世界的各种冲击，就得每天、每小时不止一次把自己的种种坚持抛诸脑后。正因为如此，扪心自问死者的心意才富含深意。请想明白也听清楚：死者想要活着，他们想要在你身上活下去，他们想要你的生命继续耕耘，向着那些他们曾经想望的富饶。坟墓就是如此把我们引领回生命之中。我们的思想就是如此度过即将来临的冬天，而后充满喜悦地直奔下个春天与新芽萌生。我望着昨日那棵即将落叶的丁香树，并预见它来日的花蕾。

1911.12.31

62 瞎搅和
Gribouille

> 无论如何，应当想尽办法安慰自己，而不是任由自己掉进悲惨的深渊里。那些一心想要自我安慰的人，总是能比想象中更迅速地恢复正常。

喉咙发痒的人会猛烈地咳嗽，因为他们一心想摆脱这种瘙痒感。不过却适得其反，它导致喉咙发炎、气喘吁吁且疲累不堪。因此，医院或健康中心专教病人不会咳嗽的方法。首先，就是尽可能地憋着不咳嗽。更好的方法是，想咳嗽时就吞一口口水，其中一种动作会排除另一种。最后，不要为了这小小的瘙痒而感到不适或被激怒，只要不去理会它，这种瘙痒自然就会平息下来。

同样地，有些病人喜欢抓痒，并从中得到一种夹杂着痛苦的快感，而他们事后所要付出的代价是加倍的痛苦。和那些拼命咳嗽的人一样，下场都是自找罪受而已。这种招数就是瞎搅和。

失眠也有类似的惨况。失眠者的痛苦往往是自找的。人本来就无法说睡就睡，再说躺在床上也不难受。可是一躺下，脑袋便开始转个不停，想着要睡觉，使劲地想让自己入睡，用尽全部的专注力；但正因为如此，意志和专注力的集中反而导致睡不着。要不人们就开始恼火，开始计算小时数，觉得白白浪费宝贵休息时间的自己很荒唐，同时又翻来覆去地像在草地上拍跳的鲤鱼。这同样是无端生事。

还有，人们只要有什么不痛快，无论白天还是晚上，一有机会就会想起。人们把这整件事当作一部惊悚小说般，一幕幕摊开在桌前，沉湎于其中的痛苦，却乐此不疲。人们不断地回溯事件，生怕自己遗忘某个细节，并从中预设所有可能出现的不利处境。这最终仍是在戳自己的痛处。又一个瞎搅和的方法。

情人的眼里看不见爱以外的事。他重温旧时的美好，眷恋着负心爱人的种种优点，和她的背叛及不公义。然此举无非是拿着鞭子狠狠地抽打自己。倘若无法转移思绪，就应该用另一种方式来看待自己的不幸。他应该告诉自己，那不过是个蠢女人而已，而且她已过了豆蔻年华。想象和这个女人一起变老的生活会是如何，审慎地衡量过去和她在一起的快乐，还要扣除掉自己一头热的部分。想想过去那些不愉快的片刻，这些事情往往在开心的时候被忽略，但在伤心之时，它们就起了安慰的作用。最后，他还可以把思绪集中在负心爱人的某个不讨喜的特征上，无论是眼睛、鼻子、嘴巴、手、脚还是讲话声调，只要专心去找，总会找到一两个缺点。我得承认，这是个需要勇气的处方。而更简单的方法，就是让自己全心投入某个复杂的工作或困难的行动之中。无论如何，应当想尽办法安慰自己，而不是任由自己掉进悲惨的深渊里。那些一心想要自我安慰的人，总是能比想象中更迅速地恢复正常。

63 在雨中
Sous la pluie

1907.11.4

你的微笑对下雨不起作用，然而，对人却大有影响。只要他们跟着你笑，他们就会变得不那么忧愁，也不那么无趣了。

天底下的痛苦不胜枚举，偏偏还有人唯恐天下不乱，用想象去牵连、增添痛苦。你每天至少会遇见一个抱怨其职业的人；他振振有词，因为只要想这么做，每件事都有碴可找，而天下没有十全十美的事。

你是老师，就会抱怨年轻学子的野蛮，他们什么都不懂也不感兴趣；你是工程师，就会抱怨被淹没在文件堆中；你是律师，就会抱怨法官压根不听你说话，只顾着打瞌睡消化胃里的食物。我当然相信你所说的一切属实。像这样的事情必然有几分真实性，才会到处拿来说嘴。除此之外，倘若你还抱怨胃痛或鞋子进水，我就更能明白你的意思了。这是个能抱怨生活、抱怨周遭人的机会，甚至能抱怨神，如果你相信它的存在的话。

不过别忘了，这种抱怨是没完没了的，而忧愁往往会繁衍更多的忧愁。因为这般抱怨宿命，便增加了自己的痛苦；你杞人忧天地预先取消了所有放声大笑的希望，把自己的胃弄得更痛了。倘若你有个怨天尤人的朋友，你一定会试着让他放轻松，让他用另一个角度来看待世界。为什么你不能成为自己的好朋友呢？当然可以；说真的，我认为人应当多爱自己一点，并且善待自己。一切往往取决于人们最初所采取的角度。古代作家说过，所有事都有两个柄，选择去握住割手的那头并不明智。俗谚里把那些总能提出最好的、最具启发性见解的人称为哲学家，这是正中靶心。重点是为自己辩护，而不是和自己作对。我们每个人都有很好的辩论或找借口的才能，只要我们愿意，必然能找到让自己开心的理由。我发现，人往往是出于一时疏忽或者礼貌才抱怨自己的职业。倘若人们能把话题导向他们正在做或开展的事，而不是执着于正在承受的事，他们就会蜕变成诗人，而且是兴高采烈的诗人[1]。

天空飘下细雨时，你碰巧走在路上，只消打伞遮雨即可。实在

1　诗人指的是具备夸张痛苦或者美化世界的能力的人。

用不着说：“又下起这讨人厌的雨！”这话对雨滴、云和风都起不了作用。倒不如说：“噢！小雨来得正是时候。”我同意你说的，这同样对雨不起作用。确实如此，不过这对你自己有好处。你于是抖掉一身雨珠，并因此全身暖和起来。再微小的快乐动作，也能产生如此的效果。这么一来，你便无须担忧会因为淋雨而感冒了。

你也可以把人当下雨对待。你说这不容易，其实不然。这远比对下雨容易。你的微笑对下雨不起作用，然而，对人却大有影响。只要他们跟着你笑，他们就会变得不那么忧愁，也不那么无趣了。倘若你能站在他们的角度想，便能轻易地容忍他们。马可·奥勒留（Marc Aurèle）[1]每天早晨都对自己说：“我今天会遇见一个自吹自擂的人、一个骗子、一个徇私的人跟一个聒噪不休的无聊人士。使他们这么做的原因，是他们的无知。”

---

1 罗马帝国五贤帝时代的最后一个皇帝。他是斯多葛学派的哲学家，有“哲人王”的美称。

64 躁动 Effervescence

1913.5.3

尽管有许多坏预兆，但最终并未真正打起仗来，因为真正的危险在于躁动。而就这一点来看，每个人都是自己的主人，也有权力决定是否让风暴发生。

战争和激情有着相同的法则。人用来解释发飙的理由，像是利益冲突、竞争对手、积怨，都不近情理。友善的环境总是能避免悲剧发生，狭路相逢往往是导致争吵、斗殴和谋杀的起因。假设有两个人有着共同的生活圈，他们之间有个似乎无法避免的口角之争。此时，两人因为各自的要事，分别前往相去甚远的地方生活很长一段时间。如此简单的一个事件，却确立了两人之间的和平，这是对他们百般劝说所办不到的事。所有的激情都是机会的产物。倘若有两个人像房东、房客一样天天相见，最初的结果就会变成其他结果的原因，而焦躁和火气一旦产生了，就会像火上加油一样愈演愈烈，这使得最初的原因和最后爆发的效果有着相当程度的落差。

孩子哭闹时，身上往往会产生一种纯粹生理的现象。孩子自己不会注意到，但是他的父母和老师应该要加以留意。他的鬼吼鬼叫会使他自己难受，因而更加激怒他变本加厉地哭闹。威胁、提高嗓门都会使他愈加难受，因为怒火会制造更多的怒火。此时应当采取一种实质的行动去帮助他，例如按摩或者转移他的注意力。母爱总是知道怎么妥善地解决这些问题，像是抱着孩子走动、抚摸，或者摇晃他的摇篮。按摩可以治疗痉挛，无论是对孩子还是对任何人都一样；发怒的时候，肌肉也总是处于挛缩的状态，需要通过体操或音乐来治疗，如同古代人所以为的那样。人在发飙的当下，跟他讲再好的道理也没用，甚至经常是火上加油，因为这些道理往往会让他联想到所有足以激起愤怒的事。

这些看法有助于理解为什么人们总是害怕战争爆发，而它又同时是可以避免的。人会害怕的原因在于只要人一躁动，就算再小的理由也足以引发战争。战争又总是可以避免的，只要大家不那么躁动，天大的事情也不致开战。人们应当慎重考虑这个简单的法则。他们往往自暴自弃地认为："我只是个什么都不是的小人物，我能为维持欧洲和平做些什么呢？随时都有新的冲突理由。每天都会带来新的问题；这边的解决方案导致别处的危机；人们才理出一个头绪，那边又纠结了，整个欧洲局势就像一团乱麻绳。只能随便它了。”[1]然而，有上千个例子足以证明战争并非必然的。所有的事情都可以调解，也可以搞破坏。我见过布列塔尼（Bretagne）的海岸为了防止英军入侵所修筑的防御工事，尽管有许多坏预兆，但最终并未真正打起仗来，因为真正的危险在于躁动。而就这一点来看，每个人都是自己的主人，也有权力决定是否让风暴发生。只要懂得善用，公民团体能汇聚无限大的力量。但首先你应该像智者所说的那样，让自己快乐。因为幸福并非和平的结果，幸福就是和平本身。

1　此篇写于第一次世界大战爆发的前一年。

65 爱比克泰德 Epictète

1910.12.10

人们可能在海上遇难而获救，也可能淹死在平稳的水池里。真正的问题在于：你有把脑袋伸出水面之外吗？

爱比克泰德说："消除错误的意见，你就消除了厄难。"这对那些等待接受红绶带[1]，或与红绶带无缘而失眠的人来说，是个很好的建议。他们夸张了红绶带的意义，它实际上就是一块红色的丝绸而已，而能如此看待的人，通常不会被搞得心神不宁。爱比克泰德的例子都很直白。譬如，这位善心的朋友勾着我们的肩膀说："你很伤心，因为你没能在竞技场看台抢到你要的位置，而偏偏你又认为那个位置是该留给你的。所以，来吧，现在竞技场上空无一人；你来摸摸看这块神奇的石头，还可以坐坐看呢。"同样一帖药也能拿来对付所有的恐惧和制约性的感受。应当直视对象，看清楚它究竟是什么东西。

爱比克泰德对船上的乘客说道："你害怕这场暴风雨，怕到好像要你把这片大海全吞了似的。可是，亲爱的，其实只需要两品

1 勋章的标志。

脱[1]的水，就能把你给淹死。”确实，波涛汹涌不代表实际上的危险。人们忐忑不安地联想着：“翻腾的海水、自海底涌现的声音、巨大的浪潮、威胁、攻击。”根本没这回事。这是海水在地心引力、潮汐和风的作用下所产生的摇晃，而不是厄运临头。这些巨响或摇晃都不会置你于死地，命运也不会杀死你。人们可能在海上遇难而获救，也可能淹死在平稳的水池里。真正的问题在于：你把脑袋伸出了水面之上吗？我曾听闻一些优秀的水手会在船驶近某个受诅咒的礁岩时，遮住眼睛伏在甲板上。过去的传闻害死了他们。他们的尸首被冲到同一片海滩上，作为错误意见的见证。那些仅是把礁岩、水流、漩涡视为相互作用，视为全然可解释的事件的人，他不会觉得有什么恐怖之处，也可能不会遇上任何厄难。掌舵的时候，一次只能看见一个危险。老练的斗士毫无惧意，因为他很清楚自己在做什么、对方在做什么。倘若听凭命运的摆布，在被敌人的剑刺中之前，他早已被命运阴沉的目光所刺中。恐惧远比厄难来得更糟。

一个肾结石的病人要开刀，他想象自己被开肠破肚、血流如注。然而，外科医生完全不做此想。外科医生很清楚自己不会切割到任何不必要碰触的细胞。他要做的只是从细胞堆里辟出一条通道，可能会让浸润细胞的体液流失一点，然而这个损失绝不会

1　法国旧时的液体容量单位。1 品脱等于 0.93 升。

大过未妥善包扎的手指上的伤口所造成的血液流失。他知道这些细胞真正的敌人为何，而正是为了对抗这个真正的敌人，细胞才会形成如此紧密的组织，这个需要用手术刀来切除的组织。外科医生知道这个敌人，也就是病菌，它就在这里，因为这个结石堵塞了内分泌的通路。而他也知道自己的手术刀会带来生命，而非死亡。他知道一旦把敌人清除干净，一切又会重新活过来，就像一个切口平整、干净的伤口会以飞快的速度自动愈合一样。倘若病人能这么想，倘若他能消除错误的意见，虽然无法光靠这样就治好结石的毛病，至少他能治好自己的恐惧症。

66 斯多葛主义 Stoïcisme

1913.8.31

> 我坚信一个幸福秘诀，那就是无视自己的脾气。一旦脾气被视若无睹，便会回到动物性的生活里，像狗钻回狗窝一样。

人们可能对大名鼎鼎的斯多葛学派有所误解，总以为他们教给我们的仅仅是如何抵抗暴君和勇敢地承受酷刑。对我来说，他们扎实的智慧有不少用处，就算是用来对付暴风雨也行。如同人们所知的，他们的思想方法在于把自身与受苦的感受区分开来，并且将这种感受视为一种对象般地对它说："你是外在事物，不属于我。"相反地，那些不懂得生活艺术的人不了解卧薪尝胆的道理，而让暴风雨进入他们的心里。他们爱说："我感觉到暴风雨近了，既焦躁又身心俱疲。老天爷，发威吧！"这活得跟动物没两样，而且想得太多。因为从表面上看，动物完全受制于即将来临的暴风雨的控制，就像植物会在大太阳底下弯低身子，等太阳过去以后又伸直起来。不过，动物不会多想，就像我们在半梦半醒间不会知道自己是开心还是伤心。这种麻木的状态对人同样有益，它使人即便处于再大的痛苦中，也总是能够得到休息，只要这个遭逢不幸的人能完全放松。所谓完全放松即是它字面上的意思，躯干被妥善地安置，所有肌肉完全松懈下来。有一种技术可以让肌肉在休息时收缩，这算是一种内在的按摩，与因为发怒、失眠或焦虑所导致的肌肉痉挛相反。对于那些有睡眠问题的人，我总爱如此建议：学学死猫的样子。

现在，如果人们无法降格到这种伊壁鸠鲁学派[1]所推崇的动物式的生活，那么只得振作起来。就某种程度而言，便是要跃升至斯多葛学派的高度。这两种学说都很好，但徘徊犹豫在两者之间，却毫无价值。倘若人们不能与雷雨同化，那么就应当对抗，与其截然二分。应当说："这是雷雨，而不是我。"当然，面对不公平、失意或嫉妒都比面对雷雨来得困难。这些东西犹如恶兽般难以摆脱。不过，应当勇于这么想："我因为失望而觉得伤心，这也不奇怪，就像雨和风那样自然。"这个建议会惹火激情中的人。他们像

1　以伊壁鸠鲁的学说为基础，认为最大的善是驱逐恐惧、追求快乐，以达到宁静且自由的状态。

承担义务一样，自愿受苦。他们像是孩子或驴一般地闹别扭，又气自己的不可理喻，于是便闹得更凶。他大可放过自己地说："这是在干吗呢？不过就是孩子在鬼叫。"但这还称不上会生活。再说，只有少部分的人懂得生活的艺术。不过，我坚信一个幸福秘诀，那就是无视自己的脾气。一旦脾气被视若无睹，便会回到动物性的生活里，像狗钻回狗窝一样。因此，依我之见，应用伦理学把以下列入重要的篇章之一，也就是把自己与自己的错误、懊悔和所有可悲的反省区分开来，并且告诉自己："愤怒总会过去的。"就像孩子一旦发现没人理睬他的哭闹时，便会停止哭闹。聪明的乔治·桑（George Sand）[1] 在她的杰作《康素爱萝》（*Consuelo*）中很好地演绎了这样高贵的灵魂，只是读过的人太少了。

---

1 乔治·桑（George Sand，1804—1876），法国 19 世纪女作家。《康素爱萝》为其重要的代表作之一，描写女歌唱家的爱情故事。

67 认识你自己
Connais-toi

1909.10.23

除了自己以外，人没有别的敌人。因为对自己所下的错误判断、无谓的恐惧、绝望、丧气话，使他成为自己最大的敌人。

我昨天从报上读到一则常见的广告：“成功的秘方，使别人对你产生好印象的诀窍，绝对灵验。每个人身上都有一道生命流，唯有知名的X博士知道如何运用它。十法郎，保证学会。由此可知，那些生意失败的人就是因为没花上这十法郎……”报上刊出的这几行字不会不起作用，这位传授成功秘诀、磁流感应的教授想必能找到他的客户。

我反复思量这件事，猛然醒悟到这位教授无疑地比他自己以为的更加狡猾。撇开那些生命流不谈，他究竟做了什么？倘若他能给人一点信心，这已经是不小的功劳了，因为这点信心会让他的顾客得以战胜那些被他们过度放大的困难。畏缩是一个巨大的障碍，而且往往也是唯一的障碍。

不过，我看得更远。尽管教授本人不见得意在如此，但他确实教会他的顾客如何集中注意力、如何反省，以及如何井井有条地、有方法地做事。各种所谓释放磁力的练习，都需要贯注所有力气去想着某个人或某件事。我假设教授一步一步训练他的顾客，直到他们懂得集中注意力，光凭着这一点，他对学费便已受之无愧了。因为，首先，通过这个方法，这些人已经转移了心思，不再光想着自己和过去的种种失败、疲惫、胃痛，他们因此摆脱了积压在身上、与日俱增的负荷。多少人把生命蹉跎在怨天尤人之上啊！再者，这个方法让他们开始认真思考自己想要的东西，考虑当前的环境和所需的人脉。他们可以清楚地区分各种形式，而不是恍如做梦般，把全部的事情都重复且混杂在一起。而倘若他们从此之后便取得胜利，这也并不令人意外。我还没算上他们可能偶尔也会有走运的时候，而这也会算在教授的功劳上。至于倒霉的时候，谁会拿出来嚷嚷？每个人都觉得自己有几个敌人，其实没那么回事。人没有那么大的定性，不过比起维系友谊，人们往往更用心在培养自己的敌人上。你认为自己跟某个人有嫌隙，其实对方早就把这件事情给忘了，而你却耿耿于怀，因此冷着一张脸。光凭这点，你就能让他回想起过去的旧恨。除了自己以外，人没有别的敌人。因为对自己所下的错误判断、无谓的恐惧、绝望、丧气话，使他成为自己最大的敌人。光是对一个人说“你的命运操在己手”，已经是个价值十法郎的建议了，何况还奉送什么生命流。

苏格拉底时代，在闻名遐迩的德尔菲（Delphes）的阿波罗神庙（Apollon）[1]里有女预言师专门贩卖各种大小事情的建议。不过，这位阿波罗神比我们那位生命流的卖家更诚实，因为他已经把秘诀写在神庙的门楣上。如此一来，当有人前去询问宿命，想要得知自己正处于顺势还是逆境时，他便能在进入神庙前读到这意味深长且适用于诸事的神谕：“认识你自己。”

1 所有古希腊城邦共同的圣地。此处的神谕通常是通过女预言师下达凡间。神庙门楣上刻有三句神谕，分别是：“认识你自己。”“凡事不过分。”“妄立誓则祸近。”

68 乐观主义
Optimisme

1913.1.28

在人际交往上，信心也是事实的一部分。假如我没把对自己的信心考虑进去，我往往就会错估事实。

几个天真的女学生一时鬼迷心窍去偷摘水果，只要见到有人走过来，就十分害怕地祷告着："愿主保佑，希望来的人不是田里的守卫。"我曾多次思忖这个例子。这近乎一种典型的傻气，除非能从人性的观点来重新思索。从这个例子来看，女学生确实把现实和希望给搞混了，但是这个混乱比较偏向语言上的，而不是思想上的。就像我们每个人都是先学会讲话之后，才开始学会思考，因此每个人都会有搞混的时候。

每当有聪明人指责"这是一种一厢情愿的乐观主义、一种盲目的希望和自我欺骗"，我就会想起底下这段小插曲。这位聪明人骂的是阿兰[1]，因为这个天真、毫无心机的哲学家忽视极为明确的证据，情愿相信人是真诚、谦卑、理性且有感情的；他相信我们会迎来和平与正义，尚武美德会终结战争，选民会选出最适合的领导

1 指作者自己。

者。然而，这些善意的安慰无法改变任何现实，就好像一个要去散步的人站在门边想着：“这大片乌云扫了我出门散步的兴致，我宁可相信不会下雨。”其实不如把云想得更黑、更浓些，然后带把伞出门。这个聪明人就是这样讥讽我的，而我也对他的想法感到好笑。他的想法表面上看起来很有道理，但其实就只是纯装饰而已。而我的道理虽然像是一道土气的墙，背后却有着一整栋房子作为支撑。

未来有自己形成的，也有人们去创造出来的。真正的未来由这两种因素组成。自己形成的未来就像暴风雨、日食、月食，它们跟希望与否没有关系，人们只能眼巴巴地看着它们发生，观察、认识它们。就像人们擦拭望远镜的玻璃一样，应当擦掉会蒙蔽双眼的激动蒸汽。我很清楚，我们无法改变天象，而这件事使我们学到顺从和几何学的知识，这两者构成了大部分的智慧。不过，人用他灵巧的双手改变了多少地上的事！生火、种田、造船、驯服狗、驾驭马，这些都是人做的事，而倘若科学阻断了人的希望，这些事都不会发生。

特别是在人际交往上，信心也是事实的一部分。假如我没把对自己的信心考虑进去，我往往就会错估事实。倘若我认为自己会摔倒，那么我就会摔倒。倘若我觉得自己很无能，那么我便很无能。倘若我认为自己被希望所蒙蔽，那么我的希望就会蒙蔽我。注意这个道理。好天、坏天都是由我决定的；我先在自己身上制造天气，在周遭制造天气，并在人世间制造天气。因为无论转好运还是转坏运，都变得比天还快。倘若我对人有信心，则人人皆诚实；倘若我先拿人当贼看，则谁都想偷我的东西。人人都只是用我对待他们的方式，来对待我而已。而下面这件事你得仔细想清楚，希望跟意愿有关。人们因为想要，而去做某件事情，例如追求和平与正义，这便是希望。但是，绝望不需要征求人的意愿，光靠着它所制造的事件就能在人的脑袋里安顿下来，并且逐渐强大起来。借由这样的想法，人们才可能去拯救宗教里值得被救，如今却被宗教所抛弃之物，而我所指的正是美好的希望。

1921.12.27 — 69

松绑
Dénouer

如果人们只考虑事情的原貌，而不想要去改变它，那么，悲观主义就会成真。因为只要人们随波逐流，人世间的事往往会往坏的方向急转直下。

昨日，某人用短短的几个字给我下了定义：“无药可救的乐观主义。”他显然不了解乐观主义的真实意涵。他其实是想要说我生性乐观，才能够总是保持开怀。不过，他认为这种善意看待世界的方式并无法取代真相。这就是把客观事实和愿望混为一谈。如果人们只考虑事情的原貌，而不想要去改变它，那么，悲观主义就会成真。因为只要人们随波逐流，人世间的事往往会往坏的方向急转直下。例如，倘若有人任性妄为，他马上会变得不幸与凶狠。这是我们身体的构造使然，只要人们不善加管理、不留意，身体就无法好好地运作。你瞧一群孩子，当他们处于没有明确的游戏规则下，马上会变得粗暴无礼。他们所表现出来的就是一种会迅速从兴奋转为愤怒的生物法则。你可以试着和一个幼童玩拍手游戏，这个动作本身会引起一种激动，让幼儿拼命拍手。另一个试验是，请一个年轻的男孩说话，并且稍加鼓励。一旦他克服了自己的畏缩，便会开始肆无忌惮地滔滔不绝。这个教训会让你自己都感到脸红，因为它对大家都适用，也能刺激所有的人。任何人只要放开去说话，不稍加控制，马上就会讲出不少会后悔的话，怪罪自己本性难改。由此可知，一群人在躁动的时候，什么傻话都说得出口，什么坏事也都做得出来。这一点你并没有搞错。

不过，一个了解这些坏处起因的人，他既不会埋怨自己，也不会陷入绝望之中。无论是对哪种尝试来说，笨手笨脚都是基本通则。无论是绘画、剑术、马术还是谈话技巧，只要是未经锻炼的身体，往往都会难以掌握好分寸，自然而然会失去准头。这个失误会使人诧异，并且似乎显得悲观主义很有道理。不过，应当从原因去理解这件事，这件事主要考虑的是所有肌肉之间的联系。肌肉的运动是由其中一块肌肉的运动带动其他肌肉的运动，而不是首先强调所有肌肉之间的彼此协调。笨手笨脚的人就算只是执行最低限度的运动，也需要用尽全身力气。即使只是钉个钉子，在一开始不熟练的时候，每个人也总是笨手笨脚的。然而从练习中，人所能获得的技巧是无止境的，各种艺术和技艺都足以为证。一幅美丽的绘画也许是说明人的灵巧的最好证明。因为这只沉重、急躁、激动又负荷全身重量的手，竟能绘出如此轻柔、节制、干净的线条，它像是既临摹了对象，又评断了对象。人们的喉咙既能吼叫、发怒，也能歌唱。每个人都被赋予这堆颤抖的、交缠的肌肉。应当为肌肉群松绑，而这并不只是一个小工程。人人都知道怒气和绝望是这之中最先要克服的敌人。应当怀抱信心、希望和微笑，并且带着它们一起工作。人的天性就是，倘若不把攻无不克的乐观主义当作守则中的守则，那么，最黑暗的悲观主义马上就会成真。

70 耐心
Patience

1910.12.11

这个你身处其中的世界只在等待你的一个眼神，以便能吸引你，把你带着走。应当学会当一个善待自己的朋友。

每当我要去搭火车的时候，往往会听到有人这么说："你要花那么长的时间才能抵达目的地，这个旅程还真是漫长无趣。"糟的是他们真心认为如此，而正是在此，斯多葛学派的道理显得十分有效："消除判断，你就消除了厄难。"

如果换个角度想，便能把铁道之旅当作最大的乐趣。倘若有张全景图，从中人们可以看见天空、大地的颜色，而飞掠过的景物犹如以地平线深处为中心旋转着；真有这么一张能给出如此景观的图画的话，全世界的人都会竞相观看。若此图的发明者能再加入火车的震动和旅途中的各种声响，这张图就会显得更加动人。

只要你踏上铁道，上述的一切美好都会免费奉送。是的，免费。因为你付的是运输费，而不是观赏山谷、河流与山脉的费用。生命中处处充满这种活着的欢愉，它不花任何一毛钱，但人们却不懂得善加利用。应当用各种语言四处去设立如下的标语："睁开眼睛，享受欢愉。"

你这样答道："我是旅行者，而不是观赏者。因为一个重要的业务，我才会出现在这里或那里，并且尽可能提早抵达。我满脑子都在计算着时间和轮子的转数。我讨厌那些中途的停靠站和那些动作缓慢的行李运送职员。我人未到站，心已出站。我情愿推着火车跑得更快些，推着时间跑得更快些。你说这样想根本毫无理智，但我觉得这是很自然而然、无可避免的，倘若人们依然血气方刚。"

当然，血气方刚是件好事。然而，在这片大地上取得胜利的并非最容易发怒的动物，而是最理性的动物。他们因时制宜地发挥自己的热情。就像最厉害的击剑手不会频频跺脚，不会不看准方向胡乱出手；他会保持冷静，等待对手露出破绽，才会像燕子般乘虚而入。同理，学习采取行动的你，不需要推车厢，因为没有你，它照样会行进。无须你推着，庄严且沉着的时间就会把全世界从这一瞬间带往下一个瞬间。而这个你身处其中的世界只在等待你的一个眼神，以便能吸引你，把你带着走。应当学会当一个善待自己的朋友。

1922.4.8 – 71

善意

Bienveillance

控制别人的情绪远比控制自己的情绪来得容易。审慎地引导对方情绪的人，也能通过这个方式，成为自己情绪的医生。

“要对某个人感到满意是一件很困难的事。”拉布吕耶尔（La Bruyère）[1]的这句严苛的话早该让我们引以为戒。因为人情伦常要求每个人去适应社群生活里的实际处境，不要去苛责一般人，只有愤世嫉俗的人才会抱怨连连。因此，无须追根究底，只要不把自己当作付费观众，强要别人做戏来取悦自己，便不会过分地要求他人。不过与此相反，我倒认为应当回想自己曾走过的艰辛历程，事先把一切往坏处想。我假设对方胃疼、偏头痛、手头拮据或者家庭不睦。我对自己说，对方就像三月的天空般阴晴不定，时而灰时而蓝，时而晴暖时而凉；我会带着我的毛外套和雨伞，有备无患。

这么想很好。不过，还有更好的做法。倘若人们能想到人的这具不稳定的身体，最轻微的碰触也能使其颤抖，总是倾斜的、

1 让·德·拉布吕耶尔（Jean de La Bruyère，1645—1696），法国哲学家、作家。

易怒的，并且会随着身体状况、疲惫程度和外力做出动作与响应，而我们却要求这样的一具人体，应当保持一致地以尊重、合宜的谈吐、稳定的情感状态来对待自己。我对别人如此斤斤计较，却对自己毫不注意。我无意间的举止、皱眉都在表露着自己所不察的信息，像是脸上的表情时阴时晴。而我让别人看到的，正是我从别人身上读取到的，令我自己感到惊愕的东西，那就是人。这指的是一个由精神所主宰的动物。人们往往把这个动物看得太高，或者太低。这个动物只要露出一个表情，就得再多做十个表情，或者不如说他用整个人在做表情，而非哪一个特定部位。因此我该像个淘金者，在这堆混合了各种表情的综合体里披沙拣金。我得自己去找，因为谁也不把自己所说的话，当作在听别人的话那样认真地去留意每一个字词。我这么做不仅合乎礼节，更甚，我对别人敞开了宽广的信任。我抛弃细枝末节，等待他真正的思想。除此之外，我还注意到一个意想不到的结果。我所展现的这份善意，使得一个原本剑拔弩张向着我畏缩地走过来的人瞬间解除武装。简言之，打照面的双方都有脾气，像两朵乌云碰在一起，总得有一方先向另一方微笑。而倘若你不是先开始微笑的那个，那么，你就只能是尴尬的另一个。

一个人再坏，也总有人会想到他的好处，说他的好话；一个人再好，也总会有人想到他的坏处，说他的坏话。人天生不怕使别人不快，因为再畏缩的人也会发怒，而怒气衍生勇气。感受到自己正在惹人厌，这只会让情况变得更糟。不过，现在你既然明白了这些道理，就别再陷入这个局势里。以下是一个惊人的经验，请务必一试：控制别人的情绪远比控制自己的情绪来得容易。审慎地引导对方情绪的人，也能通过这个方式，成为自己情绪的医生。因为谈话如同跳舞一般，每个人都是另一个人的镜子。

72 辱骂 Injures

1913.11.17

应当把咒骂当作毫无意义的感叹词。这些语词的发明纯粹是为了出气罢了，而不是为了刺伤或激怒别人。

倘若有台留声机劈头把你给辱骂了一顿，这会让你哈哈大笑。倘若有个坏脾气的人，他几乎发不出声音来，但为了出气而放了一张录有各式各样辱骂的唱片，谁也不会认为这些突如其来的辱骂、诅咒是冲着自己而来。不过，若是当着面破口大骂，每个人都会认为这是蓄意的，或至少认为辱骂当下是当真的。人在激情往往会夸夸其谈，而口不择言的话语对听者来说深具其意，这就是判断错误之处。

《激情论》是笛卡儿写过的最触动人心的作品，只可惜很少人读过。这本书正是在解释人体这台机器，由于构造和所养成的习惯，很容易便能扮演出在思考的模样。这不仅是对别人，自己也会信以为真地认为自己在思考。当我们在盛怒之下，首先会设想上千个理由去证明自己的发怒其来有自，而出于情绪的激动，每个理由都貌似言之凿凿。我们在气头上说的话往往充满感情，像是真有那么一回事，这些话语就像演技高超的演员一样感动了我们自己。此时，倘若别人也模仿我们跟着激动起来、恶言相向，那么就有好戏看了。其实双方都仅是盲从话流，而不是经过大脑思考后发言。而这无非就是剧场的真理，角色们不断地去反省他们所说过的话。他们的台词犹如神谕般，让他们从中挖掘出意义。

在一个和谐的家庭里，每个人在气头上所说出来的话往往也是可笑至极。面对这些脱口而出的话语，最好的方法就是一笑置之。不过，大部分的人不懂得这种激情的自动机制，他们不经大脑地全盘接受，就像荷马史诗里的英雄们相信神谕一般。而由此衍生出来的仇恨，当然就只是一些想象出来的结果。我佩服那些对于自己的仇恨能如此信誓旦旦的人。一个仲裁者不会听信盛怒之下的证词。可是当他变成当事人的时候，他往往就会相信自己，而且是什么都信。我们最怪异的错误之一，就是期待怒火把长期隐藏住的一个思想释放出来。然而这些想法，一千次里也没有一次是真的。当一个人有自制力的时候，他才能说他自己在思考。这本来是很显而易见的道理，但是躁动、激动和急着回嘴的反应使我们把这道理给忘了。在《红与黑》（*Le rouge et le noir*）[1] 里，善心的神学院院长彼拉（Pirard）看穿了这一点，他对他的朋友说：“我很易怒，也许我们的聊天最好就此打住。”这让事情变得再简单不过了。倘若我能把自己的怒火当作单纯是留声机一样的运作，我

1　司汤达的作品，参见本书第 21 篇。

指的是胆汁、胃酸和嗓门之间的作用，只要明白这道理，我不就能中断这个糟糕的悲剧演员的台词，嘘他下台了吗？

应当把咒骂当作毫无意义的感叹词。这些语词的发明纯粹是为了出气罢了，而不是为了刺伤或激怒别人。当马车夫遇到塞车时往往会口出恶言，这使他们在毫不知情的状况下成为哲学家。不过有趣的是，在这些空包弹的谩骂里，偶尔也有一两句话会擦枪走火伤害到别人。人们可以用俄语辱骂我，反正我一个字也听不懂。但假如我刚好懂俄语呢？事实上，所有的辱骂都是胡说八道。只要明白这个道理，也就明白在辱骂里没有什么需要去理解的内容。

73 好脾气
Bonne humeur

1909.10.10

我们须用高贵的态度去生活，既不该过分悲痛，也不该放纵自己悲剧式的陈词把伤心传染给别人。与人为善，也与自己为善。帮助别人，也帮助自己好好地活下去，这才是真正的仁慈。

倘若我未来打算写一本道德论，我会把好脾气列为优先义务。我不知道是哪一种残酷的宗教这样教导我们，说忧伤是伟大且崇高的，而智者在为自己掘坟的同时，应当想着死亡。我十岁时，曾去参观过大苦修会（Grande Trappe）。苦修士们每天向下挖掘自己的墓穴，而死者会被放置在灵堂里，足足摆上一个星期之久，用来教育在世的人们。那阴森的景象和尸体的气味让我久久难以忘怀。他们的手段过于激烈，反而什么都证明不了。我不确定自己是从什么时候开始，又是什么样的理由使我放弃天主教信仰的，因为我已经记不得了。不过，从参观大苦修会那时起，我便告诉自己："这绝对不可能是生命的真谛。"我的整个身心都在反抗这些愁眉苦脸的修士。我像摆脱疾病一般地甩开他们的宗教。

然而，我的身上仍带着宗教的印记。我们每个人都是如此。我们太容易为了一点小事就唉声叹气，而当遭遇到一些真正的折磨时，又觉得应当要表现出自己的痛苦。这是一种错误的见解，就像人们对信徒的误判一样。一个人若懂得痛哭流涕，他就容易为人所原谅。应当去看看在坟前上演的悲剧，致悼念词的人往往泣不成声，像被击倒了一般。古人若看到这幅景象，想必会同情地心想：“这到底是在干吗？致悼念词的人本该肩负安慰者的责任，说一些安慰的话。这完全不是一个生者的向导，而是一个悲剧演员。一个忧伤和死亡的专家。”对于放肆的《震怒之日》（*Dies Irœ*）[1]，亡灵又会怎么想呢？我认为亡灵会把这首颂歌归入悲剧之中。他会说：“当我置身于痛苦之外时，我可以旁观他人是如何因为激情而陷入消沉当中。这对我来说是个相当珍贵的教训。但是当我自己身处痛苦之中时，我唯一的任务就是活得像个人，并且紧紧地拥抱生活。我该结合我的意志与生活去对抗不幸，像战士面对他的敌人一样。应当尽其所能地以友谊和欢愉的态度去谈论死者。然而他们却满怀绝望。如果死者地下有知，应该会为他们感到脸红。”

是的。在远离神父的诳语之后，我们仍须用高贵的态度去生活。我们既不该过分悲痛，也不该放纵自己悲剧式的陈词把伤心传染给别人。面对生活中的那些小小不幸，最好能保持镇定，不要因为它们而到处诉苦、细究或添油加醋。与人为善，也与自己为善。帮助别人，也帮助自己好好地活下去，这才是真正的仁慈。善良是快乐的。爱是快乐的。

---

1 *Dies Irœ*，拉丁文，意为“震怒之日”，意指最后审判之日，上帝召集死者。此为举行天主教葬礼时，教徒所唱颂的拉丁文圣诗。

1911.9.24

74 一种治疗
Une cure

在好脾气治疗里，事情全然改观。遇上了就当洗了个痛快的澡，抖一抖身子，耸一耸两边的肩膀，然后舒展一下肌肉，让它们变得灵活。人们把坏事像湿衣服一样一件一件脱掉。于是，生命之流就像泉水一样欢畅。

在一群人纷纷讲述完他们如何以盆浴、淋浴、节食等方法维持身体健康后，另一个人向大家说："我已经接受好脾气治疗长达十五天了，而且我觉得好极了。有的时候，人的思想会变得尖酸刻薄，怒气冲冲地看什么都不顺眼，怨天怨地，无法从任何人，甚至自己身上看见半点好处与善意。当思想朝这个方向转时，就该去接受好脾气治疗了。这种治疗就是要用好脾气去对抗所有不顺心的事，尤其是那些如果不是因为有这个治疗，肯定会让人火冒三丈的事。现在，这些小小的烦躁反而变得相当有用处，就像爬坡有助于锻炼小腿肌肉一样。"

那个人接着说："有些无聊人士喜欢聚在一起怨天尤人。平时人人会避之唯恐不及，但相反地，在接受好脾气的治疗期间，人们会特意去接近他们。他们就像是健身房里的扩胸器，等到可以拉开扩胸器上最细的弹簧之后，就可以去试拉更粗一点的弹簧。我还把我的朋友和熟人按照坏脾气的程度排序，逐一去面对他们来训练我的好脾气。当他们表现得比往日更加尖锐、更加刁钻地吹毛求疵时，我就会对自己说：‘噢！多难能可贵的考验啊，胆子大点，去吧，去搞定这些抱怨。’”

那人还说：“用在好脾气治疗上面，坏事往往都会变成好事。烧焦的炖菜、硬掉的面包、炙热的太阳、满布的灰尘以及账目不清、两袖清风，这些都变成宝贵的磨炼机会。就像拳击或击剑时，人们自忖：‘这招耍得真高明，我要不躲开它，要不就扎扎实实地挨住它。’若是在平时，人们早就呼天抢地像个孩子一样，但痛哭实在太丢人了，所以干脆把事情闹得更大。然而，在好脾气治疗里，事情全然改观。遇上了就当洗了个痛快的澡，抖一抖身子，耸一耸两边的肩膀，然后舒展一下肌肉，让它们变得灵活。人们把坏事像湿衣服一样一件一件脱掉。于是，生命之流就像泉水一样欢畅，让人有了胃口，而生命经过这般淘洗，也变得芬芳。”他最后说道：“不过，我要就此打住了。你们此刻已显得容光焕发，已经不需要去接受我的好脾气治疗了。”

75 精神保健

Hygiène de l'esprit

1909.10.9

人们应当反过来为精神松绑。该立下这么一条保健规则：“同样的想法不要重复两次。”

昨日我读到一篇关于某种精神疾病的文章。患者因为老是从同一个角度看事情，最后便认定自己受到迫害，行为开始变得扭曲、具危险性。这篇文章让我觉得忧伤（还有什么比想到一个疯子更令人忧伤的事？），但它也让我想起一个我曾听过，并且觉得很巧妙的回应。有人在一名智者面前提起一个患有迫害妄想症的疯子，他说此人老是觉得脚冷。智者回答道：“血液循环不良的人，脑袋同样循环不良。”这句话值得深思。

我们每个人或多或少都有些疯狂的想法，像是梦中的幻影或异想天开的古怪联想。这是因为内心的语言碰到障碍，因着一个错误的发音，把我们引向某个荒谬的念头。只不过我们并不会停在这个念头上。正常人的想法像会飞的苍蝇一样，不停地改变。我们转瞬间就会把自己所有疯狂的想法忘得精光，以至于从来没有能力响应这个看似简单的问题：“你在想什么？”这种念头的流转往往伴随着某种琐碎与幼稚。不过，这就是精神健康的模样。而如果我能选择的话，我宁可当一个无忧无虑的人，也不要当一个狂躁症者。

我不知道那些负责教导孩童和成人的人是否认真想过下面这个问题。按照他们的看法，养成难以动摇的观念是最重要的事。因此，他们从小便为我们进行可笑的记忆训练，使人终其一生都牢牢记住那一长串的劣诗歹词及空洞的格言。而这些教诲的记忆使我们在人生旅途的每一步都走得跌跌撞撞。接着，我们又被规定反复学习同样的教材，在同样的想法上反复钻研。待我们年纪稍长，遇上情绪不佳而引发苦涩的想法时，这种过去被教育出来的习惯便会造成危害。我们在心底反复温习着自己的忧愁，就像把地理学用韵文的方式来背诵复习一样。

人们应当反过来为精神松绑。该立下这么一条保健规则：“同样的想法不要重复两次。”郁郁寡欢的人听了之后会说：“我做不到。我的脑袋天生如此，脑血管内的血流也不是我能管的。”这是当然的。不过，我正巧知道一种按摩头脑的方法，只需要转个念头就可以了；倘若经过训练，这一点也不难办到。要让头脑清醒，有两种保证有效的方法：第一种方法是环顾自己的周遭，接受外在景色的洗礼，而世间从来不乏值得一看的美景。另一种方法则是从效果推论原因，如此肯定能赶跑阴暗的念头，因为因果关系的连接把我们带往旅程，思绪一下子便飘得老远。这是用另一种态度去探寻神谕。就好比与去追问女祭司，她究竟是根据什么样的想法来预言我会变成守财奴相较，我更想知道她的嘴形是如何构成守财奴这个词，而不是别的词。这么一来，我就陷入对元音与子音的研究，并被它们之间的自然联系所吸引，所有的语音学就会占满我的脑袋。某人为了一个噩梦而郁郁寡欢，我便提醒他去寻找噩梦真正的原因，那通常只是身体的小小病痛所引起的感觉而已。他于是做出了一些假设，这使我发觉他已经脱离噩梦本身。因为他的思想循环已经恢复畅通了。

76 母乳的礼赞

L'hymne au lait

1924.1.21

> 假使人们愿意怀抱着爱去做他所憎恨的一切，在混杂着好的与坏的人、行动、事件里，总是选择好人、好事，并且爱他们，这便是一个不小的进步。而这也是减少坏人、坏事最有效的方法。

我在笛卡儿的著作里找到这样的想法，那就是爱意有益健康；反之，恨意有碍健康。这个观念尽人皆知，但却不真正熟悉。直截了当地说，人们并不相信此理。倘若笛卡儿不是像荷马或《圣经》那样不允许被嘲讽的话，他早就是个笑话了。不过，假使人们愿意怀抱着爱去做他所憎恨的一切，在混杂着好的与坏的人、行动、事件里，总是选择好人、好事，并且爱他们，这便是一个不小的进步。而这也是减少坏人、坏事最有效的方法。简言之，这样做更好、更公正。为好音乐鼓掌，总是比嘘坏音乐下台更有效。为什么呢？因为爱从生理上使人强大，而恨从生理上使人衰弱。不过，对于这些激情的讨论，激情中的人是一个字都不会相信的。

因此，应当从原因去着手理解。我也是在笛卡儿的作品中找到这些原因的。他表示，我们最初的爱难道不正是通过血液传递丰富的养分、洁净的空气、宜人的温暖，也就是所有使一个婴儿能够成长的一切？在初生的几年里，我们首先从这种爱的语言里，学会爱的语言。我们通过吸吮乳汁时所要动用的各个生理器官之间的热切配合活动来表达、响应这种爱的语言。同样地，我们最早表示赞同的动作，就是对一碗冷热适中的汤点头称是。而倘若是一碗太热的汤，孩子的头部和身体都会做出和上述相反的抗拒姿态。人们的胃、心脏和整个身躯也会拒绝对身体有害的食物，直到用呕吐的方式把它从体内排除为止。呕吐是蔑视、谴责、嫌恶的最强烈也最原始的表达。这也是为什么笛卡儿用跟荷马风格类似的简洁和清楚的方式来说明，对所有人都一样，仇恨有碍消化。

这个令人佩服的观念可以加以引申，它可以轻易地运用在任何案例上。最初爱的礼赞是母乳的礼赞，婴儿以动用整个身体机制的方式来歌唱，这指的是他尽其所能地汲取精华，迎接、拥抱这珍贵的食物。而这个生理上的吸吮热情，是他日后对应世间所有热情的最初、最真实的一种形态。第一次亲吻的经验不是发生在婴儿时期吗？婴儿永远不会忘记这最初的崇敬之爱，他往后便学会亲吻十字架。因为我们的表达总与身体构造相关联。同样地，诅咒也是一种原始的姿态。它是为了排除肺里的浊气，为了让胃吐出酸掉的乳汁、为了自卫所产生的身体律动。用愤愤不平的态度进食，怎么可能好好地吸收食物里的养分呢？这就好像读书，却不知道该选择什么书来读一样。你何不去读读《灵魂的激情论》[1]？确实，书店老板连这本书的名字都没听过，心理学家也好不到哪里去。这就说明了知道该读什么书并不是件容易的事。

1 即先前所提到的《激情论》，参见第 6 篇注释。

友谊
Amitié

1907.12.27

每个人付出的快乐都能得到回报，快乐的能量也同时得到释放。朋友双方都会感到："原来幸福就在我自己身上，而我却不知道去使用它。"

友谊当中有美妙的欢愉。只要发现欢愉的传染性，这一点也不难理解。我的出现能让我的朋友感到些许真正的欢愉，而这种欢愉的气氛又会立刻感染上我，让我觉得愉快。因此，每个人付出的快乐都能得到回报，快乐的能量也同时得到释放。朋友双方都会感到："原来幸福就在我自己身上，而我却不知道去使用它。"

快乐的根源来自每个人的内心，我同意这个道理。不过，有些人对自己、对一切毫不满意，他们用相互讥讽来取乐，没有什么比看见这种情景更叫人觉得难受的了。另外必须说的是，一个人如果是孤独的，即使他很快乐，他也会很快地忘记自己是快乐的这件事。他的所有愉快会开始陷入沉睡，他也会因此逐渐陷入呆滞，甚至麻木不仁的境地。内心的感受需要外部的动作来实践。倘若某个君王为了教训我要懂得敬畏权威，而把我关入大牢里，我会规定自己每天定时大笑，以便维持健康。我训练我的欢愉，就像训练腿的伸展一样。

这里有一束干柴，它们的外表跟大地一样毫无动静。倘若就这样丢着不管，它们会变成大地的一部分。不过，它们贮存着从阳光得来的炙热，星星之火的靠近，便能瞬间使其变成噼啪作响的火堆。只要撞门，就能唤醒囚犯。

因此，需要一种能唤醒欢愉的启动程序。孩子第一次笑的时候，他的笑不表示任何意义。他并不是很开心才笑的。我认为大抵是因为他笑了，所以才会感到开心。笑和吃东西一样都能给他带来快乐，但首先他得吃下东西，才能享受到快乐。这番道理不仅只对笑有用，人们也需要通过讲话，才能知道自己在想什么。处于孤独的时候，人们无法成为自己。愣头愣脑的伦理学家最爱说的就是忘我，太过简单的想法。人们付出的愈多，就愈能塑造自己，也愈能感觉到自己活着。别让你的干柴在内心的地窖里腐烂。

78 关于优柔寡断
De l'irrésolution

1924.8.10

精神的所有威力不在于去确认事实，而仅在于能做出决断。由此便可以看出意志坚定者的秘密，那就是什么都不信。他当机立断、一举成局，两种犹豫不决的想法也就合一了。

笛卡儿说，优柔寡断是天底下最大的坏处。他不止一次这么说，却从未解释理由。我认为这是最能够认识人性的一句话，所有的激情和徒劳的行为都能从中获得解释。赌博之所以讨人喜欢，是因为赌博让人有机会行使决定权。这样的力量是如此难以察觉，因为它只发生在灵魂的顶端；就像是对事物本质的挑战，万事万物皆处于一种均衡的状态之中，继而不断地提供我们深思熟虑的养料。而赌博就是要在这样成败概率相等的情况下做出选择。这种抽象的冒险犹如对审慎反思的一种讽刺，因为必须当机立断，而赌徒的决策也会立即得到响应。人们不会从中得到毒害思想的懊悔，因为赌博本来就没有道理可循。赌博使人无法说出“如果我早知道”这样的话，因为赌博的规则就是无法预知。而赌博作为解闷的唯一药方也不会令我感到意外，因为无聊的主因是思考，是明知道无济于事却仍要去想。

人们可以想想失恋者和不得志者之所以失眠的理由。这类的痛苦全都是思想上的，即便这同样也可以跟身体有关。让他们睡不着觉的激动仅只是源自想得太多，却做不了决定。偏偏他们的每个想法都让身体起了连锁反应，以至于像掉在草地上的鱼，翻来覆去地怎么都无法入睡。在优柔寡断之中有一种激烈的拉扯不休，才说出“就这样吧，我要了断这一切”，大脑又立即给出一个折中的方案。人们在两种结果之间犹豫着，丝毫无法前进。实际付诸行动的好处在于人们会立即忘却那个没被选中的办法。更确切地说，它已不复存在，行动改变了所有相关的局面。然而，光是在脑海中规划行动于事无补，一切都仍停留在原来的状态。所有的行动里都有赌博的成分在，因为行动是在所有可能性被考虑完之前就先结束思想。

恐惧是最纯粹的激情，也是最痛苦的一种。它无非是对优柔寡断的感受，甚至可说是身体上的无力感，是人们感到自己无法做决定的无能为力。头晕使脸上露出纯粹的恐惧，那是无力克服的痛苦。而人们受恐惧之苦往往是因为想得太多，就像烦闷一样，这种痛苦之最在于人们以为自己绝对无法摆脱它。人把自己当作机器，也因此小看了自己。笛卡儿思想中最精粹的部分就在于这个最高妙的判断，它既指出原因，也提供解决方案。当机立断是军人的美德，这让我明白为什么笛卡儿曾经一度投笔从戎。蒂雷纳（Turenne）[1] 总是在行动，这使他治愈了优柔寡断的毛病，并把

1 亨利·德·拉图尔·奥弗涅，别号蒂雷纳子爵（Henri de La Tour d'Auvergne，Viscount de Turenne，1611—1675），法国六大元帅之一。

这个毛病赠送给敌方。

笛卡儿的思想活动遵循和蒂雷纳同样的法则。他的思想大胆，以运动为原则，并且不断决策。一个优柔寡断的几何学家会是个天大的笑话，毕竟几何学需要无穷尽地下判断。一条直线有多少个点？人们想到两条并行线的时候又会想到什么呢？不过，几何学判定人会知道这个答案，而且一旦决定之后，就不容改变或反悔。只要仔细检视，人们会发现所有的理论都建立在一下判断便定案的谬误上。精神的所有威力不在于去确认事实，而仅在于能做出决断。由此便可以看出意志坚定者的秘密，那就是什么都不信。他当机立断、一举成局，两种犹豫不决的想法也就合一了。

79 典礼 Cérémonies

1923.9.26

颜色很吸引人，但必须做出选择却令人生畏，而这种痛苦纯粹是为了更好地品尝解决之道的美好。就像一出戏那样。

倘若优柔寡断是世上最大的坏处，那么典礼、职务、衣装、时尚就是这世上的主宰。凡是仓促就一定会导致恼火，这倒不是因为人们想着这样做或那样做，而是人们感觉到身体里有两种行动混淆在一起。这导致为我们服务的肌肉仓皇失措，而这种突如其来的惊吓，也使得不受控制的心脏顿失分寸。一个需要在惊慌之余做出决定的人，犹如病人一般。这就是为什么自由会使人变得凶狠。儿童的行为足以为证，没有规则的游戏无不以暴力告终。倘若人们以为自己的劣根性就像拉满的弓一样，若非有法律的规范肯定蓄势待发，会这么想的人肯定是搞错了。因为法律讨人喜欢。当法律缺席时，人们反而会为优柔寡断的无所适从所激怒，陷入不悦当中，进而做出荒诞的行为。全身赤裸的人往往有些疯癫，因为衣装已然成为一种律法，所以任何法律都像着装般讨人喜欢。在路易十四身边的人都对他敬若神明，表面上谁也说不出个理由来，其实是他对自己的生活起居，诸如起床、就寝、如厕都建立了一套典律。并不是他有权力钦定这些律法，正好相反，他有权力是因为他把自己变成典律本身。在他周围的每个人都知道自己该站在何处、该做什么，有点像是埃及的和平那样。

战争中的一切都令人讨厌。这个推论是错误的，因为人们从战争中可以立即获得和平。我指的是真正的和平，那种处于我们内在的和平心境。在战争中，大家都知道自己该做什么。理智徒劳地指出战争之恶，但毫无吓阻之效，它无法掩藏一种根本的欢愉，那就是每个人都从战争中看到属于自己的、清楚的职务，以及不可推托、必须立即展开的行动。每个人的思想都投注在这个职责当中，而身体则紧随着思想而行动。这种共同的同意会立即造成一种人类全体的状态，大家共同承担一切，犹如一起被卷入旋涡当中。人们讶异于当权者得以权倾天下，然而他们能得到那么多，仅只是因为他们要求得很多。这也是寺院里的院规能迅速治愈优柔寡断的原因。勤于祷告的建议对此毫无帮助，而是要规定在何时、如何祷告。聪明的当权者往往只给命令而不给理由，因为最小的理由都会立即分裂成两种想法，然后产生成千个想法。思考当然是一件愉快的事情，不过思考的欢愉要以懂得做决定的艺术为代价。笛卡儿便是这种典范。众所周知他曾经参战，他并非为了追求欢愉，而是为了从某些纠缠甚深的思想中脱逃。

人人皆可嘲弄时尚，然而时尚是一件非常严肃的事。聪明人摆出蔑视时尚的态度，但他在这么做之前，首先会打好领带。制服和道袍显示出对保持冷静的惊人影响力，这是保持蛰伏的衣着。穿上这身衣服，就会使人进入一种缓和的温柔之中，那种最缓和的温柔，足以使人不假思索地纯粹采取行动。时尚也在达到相同的目的，不过它让人拥有选择的乐趣，即便这种乐趣是纯粹想象的。颜色很吸引人，但必须做出选择却令人生畏，而这种痛苦纯粹是为了更好地品尝解决之道的美好。就像一出戏那样。因此，昨日红色让人产生安全感，到了今天便换成蓝色，这是一种意见的一致，恰好证明大家都是对的。由此产生的安宁确实造成美化的效果。因为虽然黄色确实与金色不搭、绿色与褐色不配，但是担忧、欲望和懊悔所造成的脸部表情扭曲肯定与任何人都不搭。

80 新年快乐
Bonne année

1910.1.2

我愿祝你好脾气，这才是应当赠送与接受的礼物。

在赠礼的时刻，礼物所搅动的悲伤更胜于欢乐，因为谁也没有富裕到可以在毫无赊账的情况下度新年。不少人暗自叹气，想着又会收进和送出多少最后只会肥了商人荷包的东西。下述这个小女孩的一番话，仍在我的耳边萦绕着。她的双亲有许多朋友。当她在年末收到第一个夹有吸墨水纸的垫板时，她便说："好吧，吸墨水纸垫板们该大量光临了。"人们在疯狂送礼的行为当中，不仅丝毫不带感情，还往往憋了一肚子的火。送礼的义务把所有好意破坏殆尽。巧克力糖在填饱肚子的同时，也滋养了愤世嫉俗的激情。既然如此，我们只好送得快，吃得也快，时间只要一眨眼就会过去的。

现在说正经的。我愿祝你好脾气，这才是应当赠送与接受的礼物。这个真诚的礼物让大家都变得富足，它首先使给予的人富足。这种财富借由彼此交换而倍增。好脾气可以沿途播种，播种在轻轨上、在报亭里都无损其分毫。不管你把它丢在哪里，它都能生长、开花。某个十字路口突然大塞车，到处都是谩骂和相互指责的声音，每匹马都使劲地往前挤，结果谁也动弹不得、无法通行。所有的困境皆是如此；倘若人们愿意保持笑容、少安毋躁，缓和一下忽要马往东或往西的躁气，并且彼此协调方向，问题就会迎刃而解。相反地，倘若人人咬牙切齿，自顾自地抓着缰绳指挥，那么事情便没完没了。若是夫人气呼呼的，厨娘也气呼呼的，羊腿就肯定会烧过头，于是双方大吵一架。所有的普罗米修斯（Prométhée）[1] 都太放纵与自由，其实这只需要一点适时的微笑便能解决一切。但是谁也想不到去做这么简单的一件事。每个人都使劲拉着那条勒住脖子的绳子，使社群生活加倍地痛苦。你走进一家餐厅里，敌视着自己的邻座、菜单和服务生，并就此闯下大祸。坏脾气从一张脸跑到另一张脸上，周遭的每件事都和你犯冲，杯

1　为人类盗取火种而触怒宙斯的希腊神明。其名字的意义即为“先见之明”。

子可能会打碎，服务生今晚下班回家可能会打老婆出气。请好好理解这种自动机制和传染性，你便能成为散播欢乐的魔术师或到处赐福的神仙。好好说话，好好道谢，即使小牛肉冷了，也善意地包容。如此一来，你可以顺着这个好脾气的浪潮抵达任何偏僻的小海滩。服务生会换个口气去跟厨子报备，旁人也会用另一种方式在座椅间穿梭，好脾气的浪潮会在你周围扩散，使周遭的一切，包含你都变得轻松自在起来。这可以无止境地扩散下去。不过，得有个好开头才行。好好地开始一天的生活，好好地开始一年的生活。这条窄巷里多么喧闹！多么不平静与暴力啊！直至街头出现流血冲突，让法官不得不插手来管。这些其实都可以避免，只要一个车夫抱持谨慎的态度，用双手做出小小的举动。所以应当做个好车夫，在座位上放松情绪，好好地驾驭你的马匹。[1]

1　比喻妥善地管理自己的情绪。

1926.12.20

81 祈愿
Vœux

有件事是千真万确的，那就是快乐的脸会让释出善意的人感到快乐。更何况，别人会模仿他的示意，把欢乐无限地传播出去。

每当一月花开，人人相互祝福、祈愿，这些不过都是示意的动作而已。或许吧，但示意也有其重要性。几个世纪以来，人们靠着解读这些示意过活，就好像整个宇宙通过风云、雷电、鸟飞去祝福一趟丰收的狩猎，或预示一场危险的旅途。不过，宇宙从不停止宣告，而人却错把天象当作能表达赞同或谴责的脸孔。我们现在已经稍微从必须征询宇宙的意见当中解脱。然而，我们仍在征询同类的意见。我们永远无法不理会别人的意见，因为这个意见一旦被示意出来，它就会深深地改变我们自身的意见。

这个现象很值得注意。人们往往较能好好响应理路清晰、解释清楚的意见，而较不擅于面对无声的意见。前一种意见作为建议，往往为人所轻忽。后一种意见却不容小觑。这种意见会偷袭我们，我们不知道它是怎么逮住我们的，所以也不知该如何防御。有些人脸上明摆着对全世界的责难。遇上这种表情，你最好躲远点。因为人会互相模仿，而在不知不觉间，我的脸也会跟着端起一副责人之相。责怪什么呢？我一无所知。不过，这种悲伤的颜色会浸染我所有的念头和计划。我为这些因此晦涩的念头和计划找理由，也总有理由可找，因为每件事都是复杂的，而风险无处不在。即使只是过马路，都必须行动以及冒着一定的风险，而我所染上的悲伤使我毫无自信地行动，这意味着我的行动缺乏一些灵活度和悠游自如。抱着会被车压死的心情是无助于一个人过马路的，相反地，这个念头会让他真的瘫在马路上。当要处理的事情比过马路更花时间、更复杂、更没把握时，人们会对从敌人脸上判读到的预示更加敏感。往往只需要一个眼神就能施展巫术。

回到这个要遵守互相祝福礼仪的节日话题。这是个重要的节日。此时，人人从邮差送来的贺卡上看见未来。谁也不知道未来的几周或几个月会如何，而要是让它们染上愁苦的心境那就太糟糕了，所以才会立下这个好规矩，在这个日子里，人人都只说好兆头，只表现友谊。迎风飘扬的旗帜使人欢欣鼓舞，纵使谁也不知道升旗者的心情如何。更清楚地说，展现欢乐的表情对大家都有益处。若是一张陌生人欢乐的脸就更好了，因为我无须深究其意，只要原原本本地接受这番示意即可。这样最好不过了。有件事是千真万确的，那就是快乐的脸会让释出善意的人感到快乐。更何况，别人会模仿他的示意，把欢乐无限地传播出去。千万别以为儿童的快乐只属于他们自己。我们甚至不需要反思、有爱心，也会被孩子的示意给深深吸引。在这种情况下，人人都会变成保姆，因为体会到这种快乐而开始模仿儿童。也是从这样的过程当中，人们去教育儿童。

节日当天，无论你想不想要，总会为你带来好处。不过若是你真喜欢这些好处，或是真思量过礼貌的重要性，那么对你而言，这个节日将是真正的节日。因为这些示意调整了你的想法，让你下定决心在未来的几个月里，绝不表露出任何不豫之色，或任何足以减少他人快乐的不悦之兆。如此一来，首先你会具备足够的力气去对付那些鸡毛蒜皮的小忧虑，它们小归小，却还是能使人陷入忧伤。其次是，这个沉浸在希望中的幸福，会让你立即感受到快乐。这就是我对你的祝福。

82 礼貌
La politesse

1922.1.6 -

不礼貌的人就算独自一人时，也还是缺乏礼貌。他总是力道过当地行动着。他的别扭是如此的醒目，因为害怕自己而显得畏缩。

礼貌像跳舞一样需要学习。不懂得跳舞的人以为最困难的地方在于熟知舞步规则和与之协调的动作。这不过是皮毛上的议论，跳舞的诀窍在于不呆板、不手忙脚乱；简单来说，就是不害怕。同样地，懂得礼仪规则不过是浅学而已，即便人们进退合宜，也还在礼貌的入门阶段。举止还得讲究、灵活，身体不僵硬、不发抖。因为最细微的颤抖也会被人看穿。而惶恐不安算哪门子的礼貌呢？

我经常听到一种不礼貌的嗓音，声乐家会说这是喉咙太紧、双肩不够放松的关系。而肩膀的姿态可能会使一个礼貌的举止变得不礼貌。其他则像是过度的热情、强加的自信、过猛的威力。武术教练会对学生说：“你力道过当。”击剑是一种礼貌，学会便能轻易掌握礼貌。所有让人觉得突然、粗暴的事件都是不礼貌的，就算只是示意或威胁也一样。不妨说，不礼貌往往是一种威胁。女性会因为受到威胁而花容失色地寻求庇护。一个因为收敛不住力量而颤抖的男人，一旦激动、发怒起来，会变成什么样子呢？这就是不该大声说话的缘故。饶勒斯（Jaurès）[1]在沙龙里，就像一个毫不忌讳他人眼光和礼数的人，而且往往衣衫不整。不过，他的声音总是很有礼貌、温柔悦耳，完全不带任何威胁。这事真是奇妙，因为众人皆熟知他铿锵有力的演说，以及雄狮般的怒吼。威力并不与礼貌相抵触，它装饰礼貌，与其相辅相成。

不礼貌的人就算独自一人时，也还是缺乏礼貌。他总是力道过当地行动着。他的别扭是如此的醒目，因为害怕自己而显得畏缩。我听过一个畏缩的人公开讨论语法问题，他的口吻中充斥着强烈的恨意。激情散播得比疾病还快，我毫不意外会从别人最寻常的意见发表里听出他们语带火气。这往往只是一种对恐惧的反应，而他们的语气和白费工夫的自我压抑都在增长着这种恐惧。迷信可能始于一种不礼貌的态度。即便不是有意的，但是从人们的表

1 让·饶勒斯（Jean Jaurès，1859—1914），法国社会主义领导者。

达当中，最终仍感受得到。因此，迷信可能是畏缩的后果，它源自对自己所相信之事无法坚持到底的恐惧。当再也承受不了这样的恐惧时，便开始对自己、对所有人发火，以骇人的威力传达最不确定的意见。只要观察那些畏缩的人是怎么做决定的，你就会发现痉挛是一种思考的奇怪表现。经由上述，人们明白手中端着茶杯如何使人变得文明。武术教练只消看弓箭手如何搅动咖啡杯里的小汤匙，就能判断他在练习场上会有如何的表现。别做多余的动作。

83 处世之道
Savoir-vivre

1911.3.21

礼貌是一种习惯、一种从容。不礼貌的人往往做出有别于他真正想做的事，像是碰掉了碗盘或摆设，总是说出并非发自内心的话，或者因为生硬的语调、不必要的提高嗓门、犹豫不决和吞吞吐吐的样子，而导致表现出非他所想的态度。

有一种曲意逢迎的礼貌，不仅称不上好看，也不能说是礼貌。我觉得任何有意为之的事情都算不上礼貌。举例来说，一个真正有礼貌的人可能会严酷，甚至粗暴地去对待一个可鄙、可恶之人。这不算是无礼。故意表现亲切绝不是礼貌，逢迎拍马也毫无礼貌可言。礼貌只跟人们的无心之举有关，它只反映在我们不是刻意表现的行为上。

一个容易激动、口无遮拦、凭第一印象下判断，或在还没弄清楚自己的感受之前，便毫无保留地表现出惊讶或好恶之人，是缺乏礼貌的人。他总是在请求别人的原谅，因为他总在无意间打扰到别人，总是不自觉地使人不得安宁。

因为出言不逊而不经意地伤害到别人，是很痛苦的事。有礼貌的人会在事态无可挽回之前察觉到不对劲，并且不动声色地转移话题。不过更有礼貌的做法是预想哪些话可以讲，哪些话不该说，只要有拿捏不准的疑虑，就把谈话的主控权交给对方。这些都是为了避免在不经意间伤害到别人。倘若一个有礼貌的人认为应当适时地刺激某个危险人物，他就该放手去做；他的举动展现了严格意义之下的道德，与礼貌无关。

不礼貌往往伴随着笨拙。让某人意识到自己老了，这是一种恶意。可是，倘若是举止、表情或不谨慎的言辞让对方察觉到自己的衰老，这就是不礼貌。刻意踩在别人脚上是一种粗暴；若非有意为之，就是不礼貌。不礼貌的行为像打水漂的小石子，会在意料之外连续弹跳。有礼貌的人避免意外，只点出他想点中的地方，因而往往能更顺利地达成目标。礼貌不一定等于奉承。

礼貌是一种习惯、一种从容。不礼貌的人往往做出有别于他真正想做的事，像是碰掉了碗盘或摆设，总是说出并非发自内心的话，或者因为生硬的语调、不必要的提高嗓门、犹豫不决和吞吞吐吐的样子，而导致表现出非他所想的态度。礼貌其实就像击剑一样，是可以学习的。自命不凡的人存心标新立异，以至于说出连自己都不甚明白的话语。畏缩的人毫无骄傲自矜之意，但正因为察觉到言行举止的重要性，所以不知道该怎么做才好。他全身紧绷、痉挛，以防止自己有所行动或说话。这番努力在他身上发挥了惊人的效果，他浑身颤抖、汗如雨下、脸红气喘，甚至变得比平常更加笨拙。相反地，优雅从容是一种不惊扰、不伤害别人的举止和言谈。具备这些品德对于追求幸福有很大的帮助。处世的艺术千万别忽略这些品德。

84 让人开心 Faire plaisir

1911.3.8

在不说谎、不卑躬屈膝的情况下，尽可能地总是让人感到开心，而我们几乎永远都可能这么做。

我曾说过应当教导一种“处世的艺术”。它的规则如下：让人开心。这个规则的观点来自我认识的一个人，他本来脾气火爆，后来却改变了性格。这样一条规则乍看之下很奇怪，让人开心不就是要人说谎、逢迎奉承吗？应当如此理解，在不说谎、不卑躬屈膝的情况下，尽可能地总是让人感到开心，而我们几乎永远都可能这么做。当我们满脸通红、语带尖锐地指出某个令人不快的事实时，这不过是脾气在作祟，不过是一种当下不知如何治疗的急性症状。事后为此贴上勇敢的标签其实无济于事，而且不真的能使人信服。我们并非经过深思熟虑才决定这么做的，也没冒多大的风险。由此，我得出一条伦理原则：“唯有在想清楚之后才可对人无礼，而且只对比你强大的人无礼。”不过，当然最好还是不愠不怒，即便说的是真话。而且最好选择那些值得赞扬的事实来说。

所有事都有值得称许的部分。我们永远不可能知道别人真正的动机，而选择认为别人是节制而非怯懦，是友谊而非狡猾，这并不需要额外花费力气。尤其是面对年轻人，应当总是将他们的行为动机往好处想，为其打造一个崇高的自我形象。他们会信以为真，并努力使自己的行为配得上这样的形象。相反地，批评对于改善自身毫无益处。遇上诗人，请记住并且引用他最美的句子；遇上政治家，请因为他没做过的坏事赞许他。

这让我想起幼儿园里发生的一段小插曲。有个小淘气老是恶作剧和乱涂鸦，某天却特别做了三分之一页的笔画练习。女老师在座位间巡视，顺便打分数。她经过小淘气身边，却没注意到这孩子花了很大力气写了三分之一页的练习。小淘气直率地咒骂了一声，毕竟这所学校不是设在圣日耳曼区（Saint-Germain）[1]里。女老师听见了，便走回他身边，什么都没说地打了分数。这个分数是针对他的努力练习，而不是因为他说了什么。

1 巴黎市里的富人区。

这无疑是个棘手的例子。在一般情况下，人们总是能够毫不迟疑地微笑，表现出礼貌与殷勤。倘若你在人群里被无意间碰了一下，请微笑以对。微笑能化干戈为玉帛。为了一点小事而脸红脖子粗的人，最终只会引来更大的怒气。因为一笑，你可能避免掉一顿大发火，这就像是避开一场小病一样。

这便是我对礼貌所抱持的想法。它不过是对付激情的体操。有礼貌意味着通过全部的举止和言语去示意："别气，别搞砸了我们生命中的这一刻。"这是一种报福音的良善吗？我不认为要到那种程度。况且有时善意也可能变成一种欠缺考虑与羞辱。真正的礼貌比较接近一种具有感染性的愉快，它能缓和一切的摩擦，而这样的礼貌几乎不被传授。在崇尚礼节的社交场合里，我见过不少卑躬屈膝的人，却从未见到有礼之人。

85 柏拉图医生
Platon médecin

1922.2.4

大家都知道能自在地打呵欠、活动筋骨是种幸福，但谁也没想到可以试着用体操来达到相同的效果，以便让它变成解放的运动。

体操和音乐是柏拉图医生的两大药方。体操是指规律地使肌肉运动，依循它们的构造做深层的按摩与伸展。酸痛的肌肉就好像满是灰尘的海绵，要把肌肉当海绵般清洗，反复地让它们浸满水分涨大，再挤压回原状。生理学家常说，心脏是一块空心的肌肉，这是因为心脏的收缩和舒张的作用，使密盖在肌肉上错综复杂的血脉交替地扩张和收缩。由此不妨说，每条肌肉都是一种海绵状的心脏，而可取之处在于，它的运动可以通过人的意志来控制。那些没有学会用体操控制肌肉的人就是所谓的畏缩之人。他们感觉到血液不规则地乱窜到身体较柔软的部分，导致他们莫名的突然脸红，忽而大脑充血、脉搏过快，让它们短暂地陷入疯狂，又忽而所有的脏体仿若被淹没，这种不舒服的程度众所周知。要对付所有上述情形，规律的肌肉练习绝对是个有效的方法。这时候就会需要音乐，循着舞蹈老师的指导以及小提琴伴奏，就能妥善地调节脏体间的循环作用。所以跳舞不仅可以治愈畏缩的毛病，还能通过有节制与平稳地伸展肌肉，来达到减轻心脏负担的另一种效果。

前几天，一个深受头痛之苦的人跟我说，吃饭时的咀嚼运动让他的头痛顿时减轻不少。我对他说："所以你该像美国人那样，随时嚼口香糖。"我不知道他试过没有。痛苦会即刻使我们产生一些形而上学的概念。我们想象有一种鬼怪，它穿过我们的皮肤在痛处作怪，使人想要借由巫术来驱赶它。我们不相信规律的肌肉运动能解决痛苦、能扫除咬人的鬼怪。然而，就普遍的情况来看，并不存在咬人的鬼怪，或者任何类似的东西。这是个糟糕的隐喻。试着单脚站立很长一段时间，你会发现这个姿势会让人产生强烈的痛苦。而你也不需要做什么太大的改变，只要把脚放下，就能消除这个痛苦。几乎在每种情况下，都需要发明一种舞蹈。大家都知道能自在地打呵欠、活动筋骨是种幸福，但谁也没想到可以试着用体操来达到相同的效果，以便让它变成解放的运动。失眠的人本应装出想睡的模样，感受全身放松的幸福，但却偏偏摆出浮躁、焦虑、生气的样子。这些情绪都是骄傲的根源，而骄傲往往招致惩罚。容我权充希波克拉底（Hippocrate）[1] 的门徒："这就是为什么真正的谦卑是保健的姊妹，是音乐和体操的女儿。"

1　古希腊伯里克利时代的医生，他将医学发展为专业科目，区分了医术和巫术的不同。有"医学之父"之称。

1921.9.28

86 健康的艺术
L'art de se bien porter

平和的心灵不会得到外在的奖赏，不过肯定有益身心。

普遍而言，平和的心灵不会得到外在的奖赏，不过肯定有益身心。人们不会记得快乐的人，可能要在他死去的四十年后，荣耀才会让他再次被人想起。反过来说，疾病是比欲望更可怕、更难根除之物，而幸福会是最好的武器。对此，忧伤的人辩称，幸福是结果而非原因。这是把事情想得太简单了。身体强壮的人热爱体操运动，然而做运动也会使人身强体壮。简言之，其实可以这样想，确实有一种内在的状态，它有助于对抗或消除疾病，而与之相反的另一种状态，一有机会就会毒害、扼杀身体。人们当然不可能像运动手指那样去伸展、按摩自己的内脏。而由于欢愉是状态良好的明显指标，那么，想必所有能引起快乐的想法应当也有益健康。这些引起快乐的想法之中，是否也应当包含生病的念头呢？你会说，这既荒谬也不可能。请少安毋躁。人们常说，若撇开子弹对生命的威吓，战地生活其实对健康大有益处。我对此有亲身经验，因为我曾像养兔场里的兔子般，在战壕里度过三年的时间。我们在露水未退的清晨时分可以出来遛达三圈，不过只要有任何风吹草动，就得赶紧躲回洞里。这三年间，除了想睡和疲惫之外，我对任何事情都没有感觉。不过，我其实患有本世纪最常见的那种胃病，还有打从我二十岁起，我就得了那种只动脑却不动手的致命疾病。人们都说我的身强体壮归功于乡下的空气和劳动生活，我却认为另有原因。一个步兵下士老是对我说："我们哪里是害怕，我们根本是吓破胆。"某天，他满脸幸福地跑到我的藏身处。他对我说："我这次肯定病了。我发烧了。军医刚才让我明天再过去一趟，这搞不好是伤寒。我两腿发软、头晕目眩的，这次总该住院了。浸了两年半的烂泥，也该换来这等运气了。"不过，我看欢愉已经把他治愈得差不多了。他隔天去见军医时，根本检查不出任何发烧的问题，还健康得可以穿越弗利雷市（Flirey）

的边防[1]，被派驻到战况更糟的阵地去。

生病不是一件错事。它既不违反军纪，也无损荣誉。哪个士兵不曾暗自希望自己的身上出现病征，甚至是致命疾病的病征呢？在这样难熬的战地岁月里，人们终究会开始觉得病死也好过于活着，而这样的想法足以对抗所有疾病。欢乐对身体的好处是任何神医的药方都赶不上的，害怕生病则导致生病。据说过去有些隐士把死亡当作神的恩宠，在这种情况下，倘若最后他们长命百岁，我也不觉得奇怪。有些年长者因为专注于自己的兴趣，而无暇顾及对死亡的恐惧，这就是他们令人称羡的长寿秘诀。理解这些事情大有好处，就像理解出于害怕而僵硬的身体反而会让自己容易摔落马背，这是很重要的。无忧无虑有时会是一种强而有力的妙方。

---

1 1914 年，德法两国展开弗利雷之战（La bataille de Flirey），德国成功占领弗利雷市并筑起壕沟，切断此处与东北部大城凡尔登（Verdun）之间的交通。其后爆发凡尔登战役，这是一战期间破坏力最大、为期最长的一场苦战。

87 胜利
Victoires

1911.3.18

> 幸福只有被你紧抓在手里时才是幸福。倘若你在自己之外的整个世界去找寻，你绝不会找到看起来像是幸福的东西。

当一个人开始寻找幸福时，就已经注定找不到它了。这并不奇怪。因为幸福不是橱窗里的对象，由你挑选、付费、带走。倘若你没眼花，你带回家的红衣或蓝衣就跟它们被摆在橱窗里时，是一模一样的。然而，幸福只有被你紧抓在手里时才是幸福。倘若你在自己之外的整个世界去找寻，你绝不会找到看起来像是幸福的东西。总而言之，幸福无法被理论化或推测，只能在当下被拥有。当幸福好像在未来时，想清楚点，那是因为你已经拥有幸福了。希望让人快乐无比。

诗人往往不擅长解释事物。这我可以理解，因为他们有一大堆的音节和押韵要去调和，最后当然只能说一些了无新意的话。诗人说幸福就在远方的未来里闪闪发光，而当人们握住它的时候，它却变得平淡无奇。因此，幸福就好像想抓住彩虹或留住手心的泉水一样，遥不可及。但这只是很粗略的讲法。除了通过话语之外，幸福是无法被追寻的。而让那些在自己周围寻找幸福的人尤其感到失望的是，他们无法对会带来幸福的事情产生渴望。例如打桥牌，我一点感觉也没有，因为我根本不知道要怎么玩。或者拳击、剑击也是一样的。同样地，必须先克服一点困难，才可能学会享受音乐。阅读也是，必须有一点勇气才能读进巴尔扎克的作品，因为开头总是有点无聊。懒惰的读者举止往往相当有趣，随手翻翻读个几行，便把书给扔了。阅读的幸福是如此难以预料，就连长期阅读的人也每每会为此感到惊奇。科学的远景索然无味，应当身历其境才会爱上科学。不过起头的时候，需要强迫一下自己，也总是需要一再克服困难。规律的工作会迎来一个接着一个的胜利，这无疑就是幸福的公式。在一个集体的行动当中，像是玩牌、搞音乐、打仗，往往会产生强烈的幸福感。

不过，也有独自品尝的幸福，它们也带有同样的印记：行动、工作、胜利。守财奴与收藏家的幸福就属这类，何况他们本来就很像。奇怪的是，守财奴往往被人厌恶，藏古金币者尤其如此，而把珐琅、象牙、绘画、稀有书籍陈列在橱窗里的却反倒被赞扬？人们讥讽守财奴不愿拿金子去兑换其他享乐，却不知道那些有藏书癖者也怕把书弄脏了，而根本不读书。事实上，这种幸福和所有的幸福一样，都不可能从远处去体会。我不集邮，因此我无法体会集邮者的趣味。同样地，拳击手热爱拳击，猎人热爱狩猎，政治家热爱政治。人们在自由的行动中感觉快乐无比，在遵守自己所定下的规矩里感到快乐无比。一言以蔽之，无论是踢足球还是科学研究，纪律的要求会使人快乐。在外人眼中，这些要求不仅一点都不好玩，甚至讨人厌。然幸福的奖赏只通往那些不意图寻找它的人。

88 诗人 Poète

1923.9.12

接受别人实际所是的模样其实不难，而且应当这么做；然而，要求对方保持他原本的样子，这便是真正的爱。

从歌德和席勒（Schiller）[1] 的通信里，可以看出他们之间感人的友情。他们成为彼此唯一且永远的支持者，并且要求自己与对方总是坦诚相待。接受别人实际所是的模样其实不难，而且应当这么做；然而，要求对方保持他原本的样子，这便是真正的爱。因此，这两个人能够按照自己的本性，朝不同的方向发展。他们至少在下面这件事上取得一致的看法，那就是差异是件好事。一朵玫瑰和一匹马无法比较；不过，在一朵普通的玫瑰和一朵美丽的玫瑰之间，或一匹普通的马和一匹好马之间却存在着价值之别。人们会说，各有所好，无须比较。确实，有人偏好玫瑰，而有人爱马多一些。不过，玫瑰确有美丑之别，而马匹确有优劣之别，因为人们在这上面可以取得一致的意见。即便道理如此，这些例子总归是稍微抽象了一点，上述的比较仍取决于我们个人感觉、需

1　弗里德里希·席勒（Friedrich Schiller，1759—1805），德国诗人。

求与使用上的判断。谁也不会去争论音乐和绘画的高下之别，不过，争论真画还是仿画确有其益处。人们从真画中感受到画家发自内心的展现与解放自然的信息，而仿画呈现的是奴役痕迹和外在思想的塑造。这两位大诗人想必能感受到他们在书写上的差异。令人敬佩的是，即使他们经常相互切磋、谈论完美和理想的典型，却从未对各自的天分感到迷惘。两人忠实地给予对方建议，往往会说："换作我就会这么做。"不过，他们都很清楚这些劝告起不了作用。劝告最终被奉还给劝告者本人，他们最终还是会闯出自己的路。

我想诗人和其他艺术家一样，当他们有幸能成功时，就知道自己能做什么与不能做什么。诚如亚里士多德所言，幸福是力量的标志。我相信这项法则对所有人都有用。世界上最难相处的人，莫过于一个自觉无聊的人。凶恶的人对所有事都感到不满。他们的不满并非来自凶恶，而是他们对一切都觉得无聊。觉得无聊便意味着他们完全没有发挥自己的天赋，只是盲目、机械地行动。再说，世界上大概只有愤怒的疯子，才能同时表现极深的不幸与极纯粹的凶狠。不过，我们每个人的身上都有这种所谓的凶狠，在这种奴隶式的愤怒里，我同时感觉到某种机械性与迷惘。相反地，怀抱着幸福所做出来的必然是好事，艺术作品清楚地为此提供证明。人们会赞许画家的一笔漂亮勾勒为幸运的一笔。所有善的行动本身都是美的，并且会光耀行动者的脸庞。而普世皆知，没人会对一张漂亮的面孔感到恐惧。因此我推测，完美之间绝不相互抵触，只有不完美或恶习才相互争斗。恐惧便是很明显的例子。暴君、懦夫的做法是给对手戴上锁链，这种方式对我来说是根本的疯狂，也是所有疯狂之母。请松开束缚、解放对手且无须恐惧。因为人在自由时是无须武装的。

89 幸福是美德
Bonheur est vertu

1922.11.5

> 即使是冲锋陷阵的士兵或坠机的飞行员也不会抛弃自己的幸福，因为他们切身的幸福就如同生命般与之结为一体。他们像使用武器一样，用幸福去战斗。

有一种幸福，它与我们的关系不会比一件大衣与我们来得更亲密。继承遗产或赢得彩票就属这类；荣耀也在此列，因为跟时运有关。相反地，靠我们自身力量挣来的幸福，则与我们形影不离。染上这种幸福的颜色会比羊毛染上紫色更难洗掉。古代的智者从溺水之灾中死里逃生，上岸时已一丝不挂，他却说：“我把全部财产都带在身上了。”瓦格纳（Wagner）[1]便是如此带着他的音乐，而米开朗琪罗则带着所有他能绘出的恢宏线条。拳击手拥有他的拳头、双脚和所有努力的硕果，这种不同于人对金钱和王冠的拥有。不过，拥有金钱也有诸多方式。俗话说，懂得挣钱的人即使一无所有，仍是富有的。

古代智者追寻幸福。他们并非追寻邻人的幸福，而是自己的幸福。今日的智者则一致教育我们，追寻自身的幸福毫无高贵的

1　威廉·理查德·瓦格纳（Wilhelm Richard Wagner，1813—1883），德国著名作曲家。

情操可言，这些话说得脸不红、气不喘的。他们有些人大力鼓吹，蔑视幸福这种良善的德性；有的人宣扬公众的幸福才是个人幸福的真谛。后者无疑是最空洞的一种意见，因为向周遭的人灌输幸福，就像往破洞的羊皮袋里灌水一样，没有比这更白费工夫的事情了。我发现，谁也无法让百无聊赖的人开心起来；相反地，人们却可以给那些一无所求的人一点东西。例如给音乐家音乐。简单来说，在沙堆中播种根本无济于事。我自认了解，也想得透彻这个关于播种人的著名寓言，他认为什么都没有的人，也没有能力去接受任何事物。所以，那些自己强大且快乐的人，会因为别人而变得更强大、更快乐。是的，与快乐的人交往是相得益彰、稳赚不赔的好生意。不过，他们得要自己很幸福，才有办法把幸福带给别人。明智的人应当想清楚这一点，免得使他们付出爱无用武之地。

因此，我以为个人切身的幸福与美德不相悖，这幸福本身就是美德。这也是美德这个漂亮的词语对我们的提示，它与力量相关。[1]也就是说，最完整、清楚意义下的幸运者可以像抛弃一件衣服那样，轻松地丢掉一种与他无关的幸福；不过，他绝不会抛弃自己真正的财富，也无法这么做。即使是冲锋陷阵的士兵或坠机的飞行员也不会抛弃自己的幸福，因为他们切身的幸福就如同生命般与之结为一体。他们像使用武器一样，用幸福去战斗，因此才会产生这种说法，陨落的英雄不乏幸福。这或许应当引用斯宾诺莎的想法来谈：英雄并非为国捐躯而感到快乐，而是因为快乐，才使他们有勇气去牺牲性命。但愿以此编织十一月的花环。[2]

1 法文中的美德（vertu）源自拉丁文的“virtus”，力量之意。

2 11 月 11 日是第一次世界大战的停战纪念日。每年此时，法国人会为阵亡的将士献花。

90 幸福是如此慷慨

Que le bonheur est généreux

1923.4.10

想要快乐，就得要身体力行。倘若只是对幸福敞开门，自己却作壁上观，则最终仅有忧愁会找上门来。

想要快乐，就得要身体力行。倘若只是对幸福敞开门，自己却作壁上观，则最终仅有忧愁会找上门来。真正的悲观主义源自放任小小的情绪走向忧伤或愤怒。就像无所事事的儿童，不出多长时间，就会变得不开心或烦躁。游戏对这个年纪的孩子吸引力很大，这跟被水果引发口腹之欲是不同的，而比较像是看别人玩游戏玩得很快乐，便产生也想要如此的想望。这种快乐的想望可以通过很具体的行动，如打陀螺、奔跑或吼叫来实现，只要付诸行动，就能够拥有。同样的决心也可以从社交的乐趣当中发现。社交的乐趣在于它是有规矩的，人们因被要求讲究穿着与仪态而得到快乐，这便是对规矩的维护。乡村生活特别吸引都市人的原因则在于有地方可以去。行动会带起欲望。我以为我们对自己办不到的事不会产生太多的渴望，因为无望的希望往往会导致忧愁。因此，倘若人人只是等待幸福，把幸福当作自己应得之物，肯定总是过着黯淡无光的生活。

众所周知，有些人在家中就像暴君一样；把这种行为当作一种自私，认为他们眼里只有自己的幸福，才要求别人顺从己意，就太小看这件事了。因为这并非实情。消极地等着幸福使自私鬼陷入阴郁，即使生活里毫无烦心的琐事，他还是会烦闷。因此，自私的人给予爱他或怕他的人的往往是烦闷与不幸。相反地，好脾气是慷慨的，付出的比回收的更多。我们确实应当想想别人的幸福。然而，应当把这件事讲得更明白一些，我们能为所爱之人做的最好的事，就是让自己开心。

这就是我们从礼貌中学到的事。礼貌是一种表面的幸福，被以礼相待的人，必然还之以礼，因此施行礼仪的人会产生一种幸福感。这条铁律却屡屡遭人遗忘。而有礼之人必会得到奖赏，即使他并不知道报偿所在。年轻人若要讨人欢喜有个一定灵验的妙方，那就是在长者面前尽其所能地展现青春的幸福光辉。这么做就仿佛天降恩赐。所谓恩赐，在这个词的众多含义当中，有一种指向无须原因的、像泉水源头般不停涌现的幸福。当青春不再，就需要更注意、更刻意去维护这种美好的恩宠。而无论面对什么样子的暴君，一副好胃口、不无聊的模样往往能使他心情好转。这就好像有时有些阴郁的暴君憎恶看到别人欢乐的脸，但那些不断展现无止境快乐的人最终可以征服暴君，使他也跟着快乐起来。作家抱持愉快的心情写作，读者也会因为感受到这种愉快，打从心底快乐起来。所有的装饰都是快乐的表达。我们的同类从来都只要求那种使我们自身最感快乐的事。因此，礼貌便有了一个美丽的别称，叫作处世之道。

91 保持快乐的艺术
L'art d'être heureux

1910.9.8

正因为下雨天，人们才更渴望看见快乐的脸。所以，请用笑脸面对下雨天。

应当教育孩子们保持快乐的艺术。这不是厄运当头还要保持愉快的那种快乐的艺术，那是斯多葛学派的专长。我指的是在环境还过得去的时候，在人生所有的苦涩仅限于小烦闷和小病痛的时候，保持快乐的艺术。

保持快乐的艺术的第一守则就是，千万别到处向人诉苦，无论是过去痛苦的经验还是现正遭逢的痛苦。应当把向他人描述自己的头痛、恶心、胃酸、肠躁，当作不礼貌的行为。即使谨慎地选择措辞，这些话题仍是不礼貌的。遭遇不公义或失望的情绪也不该对人诉说。应当告知孩童、青年，乃至于成人这个太容易为人所遗忘的道理，那就是自怨自艾只会使别人感到难过；也就是说，这最终给他们带来不快乐，即使他们好像鼓励人吐苦水，或乐意安慰人。忧伤就像一种毒药，人们可能会上瘾，却对身体有害无益，最终还是得靠理智来战胜一切。人人都在寻活，而非找死。人人都在寻找那些活生生的人，我指的是那些心里开心，也总是喜形于色的人。倘若大家都朝火堆添柴，而不是对着灰烬哭泣，那么人与人的交往该会有多愉快啊！

请注意，这些都曾是社交礼仪的法则。不能口无遮拦，否则确实会令人烦躁。中产阶级随后就把坦率而言带进社交风气当中；这是件好事，不过不能是大家聚在一起诉苦的理由，这只会导致更深的烦闷。把交往范围扩大到家庭以外是很有道理的。在家庭的小圈子里，往往会因为彼此过于依赖与放心，而使人们去抱怨一些鸡毛蒜皮的小事；假使人们有心要取悦对方，这些小事根本就不会被提及。在权势者的周围玩弄手段很有趣，这种乐趣无疑是因为在这种时候，人们会完全忘却自己的小小不幸，而那些不幸要是抱怨起来，还真是没完没了的无聊。人们说这种工于心计劳神耗脑，不过辛苦会转变成欢愉，就像音乐家或画家所费尽的心血。而这些钩心斗角的人所获得的第一个好处，就是从小小的痛苦中被释放出来，因为他们没机会也没时间为此浪费唇舌。因此产生下述原则：倘若你不提起自己的痛苦，我指的是你的那堆小烦恼，你就不会老想到它们。

在这个我以为的保持快乐的艺术里，我还想要加上几项针对如何恰当运用坏天气的实用建议。在我写作时，恰巧下起雨来，雨滴敲响屋瓦，汇集成无数涓涓细流；空气被洗净，像滤过了一般清澈，密布的乌云声色壮大。应当学会欣赏这幅美景。然而，有人说："这雨会坏了收成。"另一人说："泥泞搞得到处都脏了。"而第三个人说："若没下雨的话，坐在草地上该多舒服啊。"这些话都没错，不过这些抱怨也同样于事无补，倒是我被抱怨的雨水兜头淋下，回到屋里还不得安宁。殊不知正因为下雨天，人们才更渴望看见快乐的脸。所以，请用笑脸面对下雨天。

92 关于保持快乐的义务

Du devoir d'être heureux

1923.3.16

想要变得不幸、不开心，这并不难。只要呆坐着，装出等人来取悦自己的王子之状就足够了。

想要变得不幸、不开心，这并不难。只要呆坐着，装出等人来取悦自己的王子之状就足够了。用这种想法等着、掂量幸福，把它当作可称斤注两的食物，会让一切都染上无聊的色彩。这样做并非毫无气势，因为需要一种力量才能蔑视所有的奉献。然而在这之中，我也看到了一种烦躁和怒火。这些火气瞄准那些只需要很少的工具就能建造出幸福的巧匠，就像儿童造花园那样简单。我对这种人敬而远之。我有足够的经验告诉自己，人们无法让那些自觉郁闷的人转而开心起来。

相反地，幸福往往美观，是世上最美的景物。还有什么比孩子更美的？孩子全心投入游戏之中，他不等待别人帮他玩。孩子赌气时，确实会摆出另一种脸色，那是一张拒绝所有欢乐的脸。幸亏孩子忘得快。不过，众人皆知有些大孩子从没一刻停止过赌气。我当然知道他们有理由赌气，因为保持快乐是很困难的，这需要对抗许多人及许多事，而且有战败的可能。世界上当然有很多克服不了的事，有很多不幸远超过斯多葛学派所能忍受的地步。然而，在尚未战尽最后的一兵一卒以前，不该抱有战败的念头，这或许是保持快乐最清楚的义务。尤其，我觉得这件事似乎是理所当然的，不想要快乐的人不可能会快乐。应当要想望幸福，并且创造幸福。

有件事情总是未被足够强调，那就是保持快乐也是我们对他人应尽的义务。俗话说得好，只有快乐的人才会被爱。然而，人们忘了加注，这是一种公平与等值的回报。在我们呼吸的空气周遭布满了不幸、无聊与绝望，所以应当感谢那些通过他们自身充满能量的榜样使我们能度化这些受瘴疠影响之人；某种程度来说，他们净化了公共生活，我们应当为他们戴上战斗者的桂冠。对情人来说，没有比誓作快乐人更深情的誓言了。有什么比所爱之人深陷烦闷、忧伤或不幸当中，更加难以克服的事吗？男男女女都该时时刻刻记得此事，那就是幸福，我指的是为自己争取到的那种幸福，是最动人、最慷慨的奉献。

我甚至想提议表扬那些下定决心要保持快乐的人为公民楷模。我认为，遍地尸首、寸土寸焦、军饷的庞大支出以及无数的防范性攻击，这些都是那些不懂得保持快乐，也不容许他人想尝试保持快乐的人的杰作。小时候，我是外表属于重量级选手之类的孩子，少有败绩、少躁动，也很难被激怒。因此，有个心里不痛快、烦闷而瘦弱的轻量级孩子老爱找我麻烦，揪我的头发、捏我，并以此嘲弄我。直到我让他结结实实地吃了一拳，他才结束了这些恶作剧。现在，当看到几个矮子在宣告战争、备战，我绝不听信他们的理由，因为我太了解这些心存恶意的人。他们受不了别人安静地待着。安详的法国、安详的德国，在我看来都是健壮的孩子，但有一小撮的劣童老找他们麻烦，终究会激起他们的怒火。

93 应当起誓
Il faut jurer

1923.9.29

乐观要求起誓，我们应当发誓要保持快乐，所有悲伤的思想都该被当作骗局。因为只要放任不管，我们便会自然而然地衍生出不幸。

悲观主义出于情绪，乐观主义出于意志。谁随着情绪起舞，谁就会变得悲伤，不仅如此，还会很快地开始恼火跟发怒。如同人们所知，孩子们的游戏里若是少了规则，马上会变成一场混战。原因无他，因为失控的威力会反噬自己。事实上，根本不存在好脾气，更准确地说，脾气总是坏的，而所有的幸福都来自意志对脾气的管理。所有的道理都是控制的产物。疯子把各种脾气放大展现出来，一个被害妄想症患者谈起自己不幸的遭遇，总是煞有介事地绘影绘声。乐观的雄辩使人冷静，与愤怒的滔滔不绝相反，它保持温和。这种语调形成压倒性的说服力，就像歌词的重要性往往低于歌曲本身一样。人们从脾气里往往会听出一种狗吠声，而这是第一件要改变的事。因为把它放在体内不是件好事，而表现出来又会给我们添麻烦。这就是为什么礼貌是政治的重要规矩，这两个词有亲缘关系，懂礼貌的人也懂政治。

失眠也有助于理解这个道理。人大都有失眠的经历，这有时会导致人们觉得生活本身难以忍受。这个问题需要更仔细地去看待。自我管理是生活的一部分，更进一步地说，有条不紊的自我管理使生活的舒适得到保证。这首先取决于行动。锯木头可以使人轻易地摆脱诸多白日梦，就像猎犬忙着寻找猎物时，便没空吠叫。因此对付思想中痛苦所在的第一个妙方，就是去锯木头。不过，清明的思想也足以自我镇定，通过做出抉择，逐步把自己整理干净。而失眠的痛苦如下：人们想要睡着，便命令自己的身体不准动弹、不准策动任何事。由于这种控制的空窗，身体的动作和脑子里的念头便自行运转起来，就像群狗乱吠一样。每个动作都痉挛，每个念头都带刺。此时此刻，人们会疑心自己最要好的朋友，每个示意都从坏的方面去理解，觉得自己又蠢又笨。这些表象是如此强大，而此时又没办法爬起床去锯木头。

由此可知，乐观要求起誓。乍听之下，这可能有点古怪，但应当发誓要保持快乐。应当让主人的鞭子去平息群狗乱吠。最后，为谨慎起见，所有悲伤的思想都应该被当作骗局。必须如此，因为只要对之放任不管，我们便会自然而然地衍生出不幸。烦闷可以为证。不过，最能让我们看清楚自己的思想本身并不带刺，而是本性的激动使我们恼火。那便是快乐的倦怠模样。在这种状态下，我们的身体放松了戒备，它不会持续太久；当睡眠降临时，它便也在咫尺了。睡眠的艺术在此有助于人的本性，它的主要作用在于凡事千万别只想一半。要不就想个透彻，要不就干脆放弃，经验告诉我们，不受管理的想法都是虚假的。这个强而有力的判断把那些想法贬到梦境之列，并由此衍生了不带刺的快乐梦境。相反地，解梦之术把一切都看得很重要。这正是不幸之钥。